해탈컴퍼니

불교박람회 현장 대기 700팀의 신화를 만든 대한민국 '힙불교' 열풍의 주인공.
2024년 혜성처럼 등장해 '깨닫다!'라는 선언적 문구를 새긴 티셔츠를 선보이며 불교계와 굿즈판을 뒤흔들었다. 종교와 장르의 경계를 자유자재로 넘나들며 불교의 지혜와 포용의 메시지를 아이코닉한 디자인과 유쾌하고 문장에 담아 소개한다. 『깨닫다!』는 해탈컴퍼니가 자신들의 언어로 선보이는 첫 번째 책이다.

108번뇌 타파하는 셀프 열반 프로젝트

깨닫다!

해탈컴퍼니 지음

다산
책방

일러두기
- 경전의 내용은 불교와 경전이 낯선 이들도 쉽게 이해할 수 있도록 해탈컴퍼니의 언어로 재해석하여 우리말로 옮겼습니다.
- 경전의 원문은 불교기록문화유산 아카이브를 참고했습니다.

차례

1장	깨닫다!	011
	집착과 탐욕을 넘어 깨달음의 세계로	
2장	중생아 사랑해	053
	결국엔 사랑과 자비가 우리를 구한다	
3장	개큰지혜	095
	무지를 깨고 통찰을 주는 지혜의 쓸모	
4장	응 수행정진하면 돼~	137
	게으름을 물리치는 실천의 po힘wer	
5장	그냥 존재하는 님들아	179
	의심의 굴레 밖에서 배운 흔들리는 평안함	
6장	그건 제 허상입니다만	221
	중요한 건 꺾이지 않는 고집을 꺾는 마음	

해탈컴퍼니는 '내가 변하면 세상이 변한다'라는 진리를 실천함으로써 세상의 모든 존재에게 행복을 전하는 것을 목표로 합니다. 해탈컴퍼니가 처음으로 펴내는 책 『깨닫다!』는 우리 안의 깨달음을 찾아 떠나는 그 찬란한 여행의 첫걸음입니다.

해탈컴퍼니의 공동대표인 우리 남매는 어린 시절 아버지께서 스님으로 출가하신 후로 절에서 함께 살며 불교의 가르침 아래 자라왔습니다. 많은 사랑을 받으며 성장했고, 우리가 받은 행복을 사람들에게 전하며 살고 싶다는 목표를 갖게 되었습니다.

이 책에는 우리가 절에서 몸과 마음으로 체화한 불교의 정수를 고스란히 담았습니다. 저희에게 불교란 어린 시절의 자장가이자 장난감이며, 현재 우리 삶의 나침반이자 이정표입니다. 불교와 평생을 함께하며 살아간다는 행복과 즐거움을 이제는 여러분과 함께 나누고 싶습니다.

오늘날 우리에게 꼭 필요한 부처님의 말씀을 모으고 해탈컴퍼니의 시선으로 해석하여 책에 담았습니다. 편안하고 즐겁게 필사하면서, 또 자신의 마음을 바라보고 표현하면서 이 책을 즐겨주세요. 즐겁고 행복하고 짜증나고 불편하고… 필사하면서 일어나는 그 모든 감정을 바라봐 주세요. 필사집의 형태를 잠시 빌렸을

뿐, 이 책의 본질은 우리의 마음을 바라보는 것입니다.

잊지 마시기 바랍니다.

이 책의 목적은 단 하나입니다.

여러분의 마음을 쓰세요. 그리고, 깨달으세요.

이 책과 함께하며 만난 모든 감정과 순간이 여러분 마음속 작은 씨앗이 되길 바랍니다. 언젠가 번뇌와 집착의 늪에 빠진 자신을 꺼내줄 커다란 넝쿨로 자랄 수 있도록이요.

명심하세요. 깨달음은 이미 여러분과 함께하고 있습니다.

해탈컴퍼니

이 책의 사용 안내

우리는 매일같이 집착에 빠지고 번뇌합니다. 이 책은 그런 우리를 위한 일종의 디톡스 필사집이자, 놀이형 수행책입니다. 이름하여 "108번뇌 타파하는 셀프 열반 프로젝트".

불교에서는 번뇌의 근본을 탐(貪)·진(瞋)·치(癡)·만(慢)·의(疑)·악견(惡見) 여섯 가지로 분류하고, 그것들을 '근본 번뇌'라 말합니다. 우리는 이 책을 여섯 개의 장으로 나누고 각각의 근본 번뇌를 없애는 필사인지 놀이인지 모를 것을 해보려고 합니다. 유쾌한 장난을 치듯이 말이에요. 자, 이제 시작합니다.

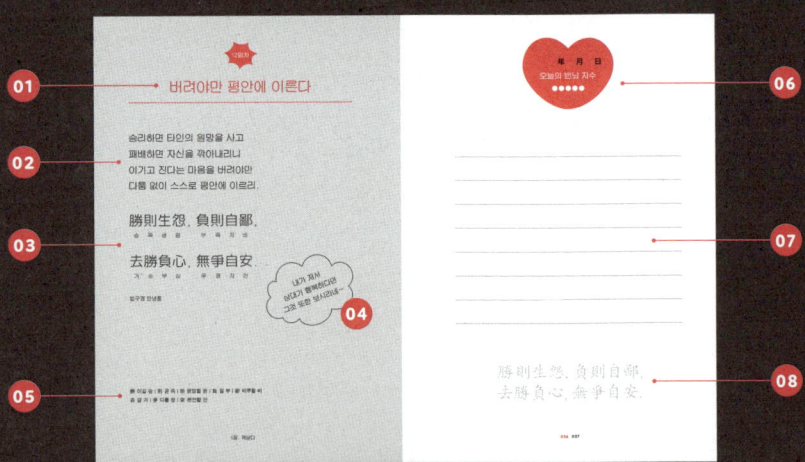

01 제목
오늘의 핵심 주제를 한눈에 살펴보아요.
어떤 문장을 만날지 가늠해 볼 수 있어요.

02 핵심 문장
해탈컴퍼니가 번역한 문장이에요.
쓰기 전에 소리 내어 읽으면서 음미해요.
어떤 감상을 주는지 느껴 보면서요.

03 원문
핵심 문장의 뿌리를 확인해요.
단어를 이해하면 사유가 깊어져요.

04 해탈컴퍼니 코멘트
해탈컴퍼니만의 재해석을 즐겨 보아요.
문장의 맥락과 의도가 색다르게 보여요.

05 주요 한자
눈여겨볼 한자들을 공부해요.
한자를 알면 의미가 더 선명해져요.

06 번뇌 지수
지금의 마음 상태를 체크하는 기록란이에요.
이것만으로도 마음이 조금은 차분해져요.

07 자유 필사
문장을 직접 쓰는 공간이에요.
손으로 쓴 문장은 생각이 되고,
생각한 것은 마음에 머물러요.

08 한자 필사
원문을 그대로 따라 쓰며 의미를 되새겨요.
필사가 주는 묘한 정화 작용을 느껴요.

1장

깨닫다!

모든 순간이 극락이다

언제 어디서라도 깨닫고자 하는 마음만 있다면
살아 숨 쉬는 그 모든 순간이 극락이다.

念念菩提心,
염 염 보 리 심

處處安樂國.
처 처 안 락 국

화엄경

念 생각 념 | 菩 보살 보 | 提 끌 제 (불교에서 음역할 때에는 '리'로 발음한다)
處 곳 처 | 安 편안할 안 | 樂 즐길 락 | 國 나라 국

깨달음 보장서

나는 이제 _____을 깨달았다.
이 순간만큼은 분명 부처님과 같은 마음이었다.

이 깨달음은 이미 내 마음속에 각인되어
잠시 망각하더라도 문제가 없음을 보장한다.

보증인 부처님 (인)

보증일 _____

수혜자 _____ (인)

행복은 집착의 반대편에 자리한다

마음 쓴 곳에 집착하지 않을 수 있다면
그것이 행복이고 자유로움이다.

應無所住,
응 무 소 주

而生其心.
이 생 기 심

금강경

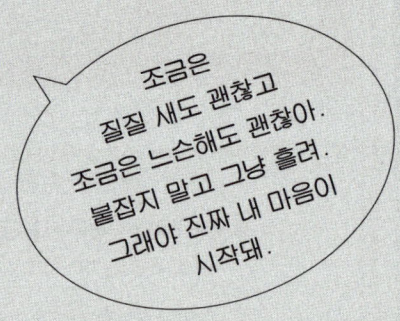

조금은
질질 새도 괜찮고
조금은 느슨해도 괜찮아.
붙잡지 말고 그냥 흘려.
그래야 진짜 내 마음이
시작돼.

應 응할 응 | 無 없을 무 | 所 바 소 | 住 머무를 주
而 말 이을 이 | 生 날 생 | 其 그 기 | 心 마음 심

마음 쓰고 집착하지 않기

아래에 '마음' 두 글자만 쓰고 넘어가세요.
행복과 자유를 마음껏 느껴보게.

탐욕의 덩굴을 끊어라

사랑이라 믿고 괴로움을 견디며
탐욕에 얽혀 세상에 머무니,
근심과 걱정은 밤낮으로 자라나
덩굴풀처럼 끝없이 뻗는다.

以爲愛忍苦, 貪欲著世間,
이위애인고 탐욕착세간

憂患日夜長, 蓮如蔓草生.
우환일야장 연여만초생

법구경 애욕품

愛 사랑 애 | 著 붙을 착 | 憂 근심 우 | 患 근심 환 | 日 날 일 | 夜 밤 야 | 長 길 장
蓮 대자리 연 | 蔓 덩굴 만 | 草 풀 초

1장. 깨닫다!

以爲愛忍苦, 貪欲著世間,
憂患日夜長, 莚如蔓草生.

재물을 탐하면 자신을 속이게 된다

탐욕에는 끝이 없고, 사람의 뜻을 흩어버리니.
삿된 재물을 구하면, 결국 자신을 속이게 된다.

貪欲無厭, 消散人念,
탐 욕 무 염   소 산 인 념

邪致之財, 爲自侵欺.
사 치 지 재   위 자 침 기

법구경 화향품

厭 싫어할 염 | 消 사라질 소 | 散 흩을 산 | 人 사람 인
邪 간사할 사 | 致 이를 치 | 之 갈 지 | 財 재물 재 | 自 스스로 자 | 侵 침범할 침 | 欺 속일 기

1장. 깨닫다!

年 月 日
오늘의 번뇌 지수

貪欲無厭, 消散人念,
邪致之財, 爲自侵欺.

진리를 구하는 마음이 곧 시작이다

머리를 깎고 수행자의 옷을 입어야만
출가하는 것이 아니다.
세상에 살면서도 참다운 진리를 구하려는
마음만 있다면, 그것이 곧 수행자의 길이다.

飾髮無慧, 草衣何施,
식발무혜 초의하시

內不離著, 外捨何益.
내불리착 외사하익

법구경 범지품

年　月　日

오늘의 번뇌 지수

●●●●●

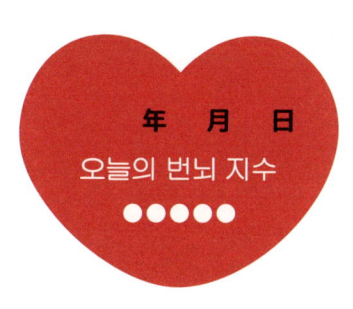

飾	髮	無	慧
꾸밀 식	머리털 발	없을 무	지혜 혜
草	衣	何	施
풀 초	옷 의	어찌 하	베풀 시
內	不	離	著
안 내	아니 불	떠날 리	붙을 착
外	捨	何	益
바깥 외	버릴 사	어찌 하	더할 익

착각의 늪에 빠지면 보이지 않으리

겉모습에서 부처를 바라고,
목소리에서 부처를 구하면,
착각의 늪에 빠져들어
결코 부처를 보지 못하리.

若以色見我, 以音聲求我,
약 이 색 견 아   이 음 성 구 아

是人行邪道, 不能見如來.
시 인 행 사 도   불 능 견 여 래

금강경

若 만약 약 | 色 빛 색 | 見 볼 견 | 我 나 아 | 音 소리 음 | 聲 소리 성 | 求 구할 구
是 옳을 시 | 行 행할 행 | 道 길 도 | 能 능할 능 | 如 같을 여 | 來 올 래

숨은 부처 찾기

아래에서 '부처'를 찾아보세요.
겉모습에서 부처를 얼마나 만날 수 있을까요?

무셔 부거 뿌조 부쳐 무쳐 부서 무처
무초 부퀴 무거 뿌조 무셔 부조 부초
뿌기 무초 부서 부쳐 뿌조 부숴 뿌서
부거 무서 부초 부서 무셔 뿌쳐 부조
무거 부셔 무퀴 부숴 무쳐 뿌쳐 무서
부거 뿌기 뿌조 부퀴 뿌서 무셔 부초
무초 부퀴 부쳐 뿌조 무셔 부서 무처
무거 뿌쳐 무쳐 부숴 무서 부조 무처
뿌거 뿌조 부셔 무셔 무퀴 뿌서 무퀴

※ 정답은 25쪽에 있습니다.

깨달음에는 각주가 필요 없다

앎은 설명이 필요 없고
깨달음은 해설이 필요 없는 것이다.

태현 스님, 『몸이 마음에게 묻는다』

> 태어난 직후의
> 우리에게 말은 없었습니다.
> 마음을 표현하는 울음과 몸짓이
> 있었을 뿐… 우리 모두
> 잠시 말을 멈춰봅시다…
> 묵언 중…

※ 6일 차 답: 07개

마음을 놓아야 깨달음을 얻는다

판단은 허망한 모양을 만드니
오직 마음뿐이요, 실체는 없다.
판단에서 벗어남이 곧 해탈이다.

以衆生分別, 所現虛妄相,
이 중 생 분 별 소 현 허 망 상

惟心實無境, 離分別解脫.
유 심 실 무 경 이 분 별 해 탈

능가경

衆 무리 중 | 分 나눌 분 | 別 다를 별 | 現 나타날 현
惟 오직 유 | 實 참 실 | 境 지경 경 | 解 풀 해 | 脫 벗을 탈

1장. 깨닫다!

以眾生分別, 所現虛妄相,
惟心實無境, 離分別解脫.

마음을 그리면 못할 일이 없다

마음은 그림 그리는 화가와 같아
세상의 모든 것을 그려낸다.
그렇게 나를 그릴 수 있다면
해내지 못할 일이 어디 있을까.

心如工畫師, 能畫諸世間,
심여공화사　능화제세간

五蘊悉從生, 無法而不造.
오온실종생　무법이불조

화엄경

如 같을 여 | 工 장인 공 | 畫 그림 화 | 師 스승 사 | 能 능할 능
五 다섯 오 | 蘊 쌓을 온 | 悉 모두 실 | 從 좇을 종 | 法 법 법 | 造 지을 조

心如工畫師, 能畫諸世間,
五蘊悉從生, 無法而不造.

잠깐만,
벌써 포기한 거
아니지?

괜찮아
계속
정진하자

내 안의 경전을 펼쳐라

사람마다 한 권의 경전이 있으니,
종이와 먹으로 만든 것이 아니다.
펼쳐본다 한들 한 글자도 없지만,
언제나 크고 밝은 광명을 비춘다.

我有一卷經, 不因紙墨成,
아 유 일 권 경   불 인 지 묵 성

展開無一字, 常放大光明.
전 개 무 일 자   상 방 대 광 명

운수단가사

> 모든 사람의 마음속에는 자신을 밝게 비추는 빛의 경전이 있다는 서산대사의 말씀입니다.

有 있을 유 | 卷 책 권 | 經 글 경
因 인할 인 | 紙 종이 지 | 墨 먹 묵 | 成 이룰 성
展 펼 전 | 開 열 개 | 字 글자 자
常 항상 상 | 放 놓을 방 | 大 큰 대 | 光 빛 광 | 明 밝을 명

1장. 깨닫다!

이 페이지는 이미 당신의 이야기로 채워져 있습니다.

보이는 것이 전부가 아니다

우리의 세상은 끊임없이 변화하니,
만약 변해가는 세상에 따라 바뀌는
나의 마음을 순간순간 알아차린다면
그 즉시 내 안의 부처를 만나게 될 것이다.

凡所有相, 皆是虛妄.
범 소 유 상   개 시 허 망

若見諸相非相, 則見如來.
약 견 제 상 비 상   즉 견 여 래

금강경

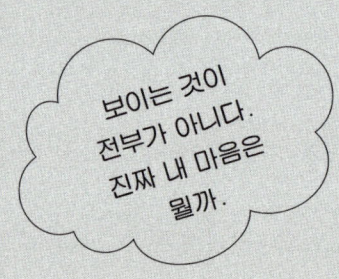

凡 무릇 범 | 有 있을 유 | 相 모습 상
皆 다 개 | 虛 빌 허 | 妄 허망할 망 | 諸 모두 제 | 非 아닐 비 | 則 곧 즉

凡所有相, 皆是虛妄.
若見諸相非相, 則見如來.

버려야만 평안에 이른다

승리하면 타인의 원망을 사고
패배하면 자신을 깎아내리니
이기고 진다는 마음을 버려야만
다툼 없이 스스로 평안에 이르리.

勝則生怨, 負則自鄙,
승 즉 생 원   부 즉 자 비

去勝負心, 無爭自安.
거 승 부 심   무 쟁 자 안

법구경 안녕품

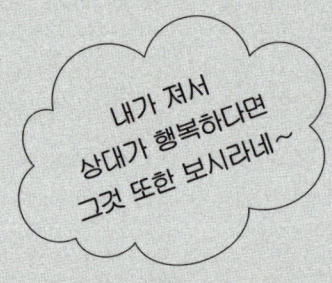

勝 이길 승 | 則 곧 즉 | 怨 원망할 원 | 負 질 부 | 鄙 비루할 비
去 갈 거 | 爭 다툴 쟁 | 安 편안할 안

1장. 깨닫다!

勝則生怨, 負則自鄙,
去勝負心, 無爭自安.

봄은 이미 내 안에 있다

종일 봄을 찾아다녀도 보지를 못하고
짚신이 다 닳도록 온 산의 구름만 밟았네.
돌아와 웃으며 매화를 잡고 향을 맡으니
봄은 이미 가지 끝에 가득하더라.

盡日尋春不見春,
진 일 심 춘 불 견 춘

芒鞋踏破壟頭雲.
망 혜 답 파 농 두 운

歸來笑捻梅花嗅,
귀 래 소 념 매 화 후

春在枝頭已十分.
춘 재 지 두 이 십 분

학림옥로

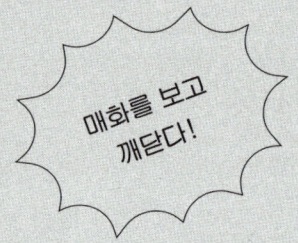

집착의 뿌리를 뽑아라

나무를 베다가 멈추면 다시 돋아나듯이
뿌리째 뽑아야 깨달음에 다다른다.
모두 베지 않으면 정이 남아 매이게 되니,
마음이 얽매여 송아지가 어미를 찾는 것과 같다.

伐樹忽休, 樹生諸惡,
벌 수 홀 휴 수 생 제 악

斷樹盡株, 比丘滅度,
단 수 진 주 비 구 멸 도

夫不伐樹, 少多餘親,
부 불 벌 수 소 다 여 친

心繫於此, 如犢求母.
심 계 어 차 여 독 구 모

법구경 애욕품

伐樹忽休, 樹生諸惡,
斷樹盡株, 比丘滅度,
夫不伐樹, 少多餘親,
心繫於此, 如犢求母.

깨달음은 말이 없다

나는 어느 날 밤에 도를 이루고,
어느 날 밤에 열반에 들었으나,
그사이의 모든 순간에
단 한 마디도 말한 바 없다.

我某夜成道, 至某夜涅槃,
아 모 야 성 도   지 모 야 열 반

於此二中間, 我都無所說.
어 차 이 중 간   아 도 무 소 설

능가경

某 아무 모 | 夜 밤 야 | 成 이룰 성 | 涅 진흙 열 | 槃 쟁반 반
二 두 이 | 中 가운데 중 | 間 사이 간 | 都 모두 도 | 說 말씀 설

부처님은 보리수나무 아래에서 깨달음에 눈을 떴다고 해요.
아래 점을 순서대로 이어 깨달음의 상징인
보리수나무 잎을 완성해 보세요.

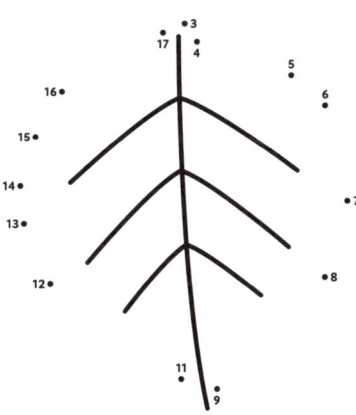

모든 길은 하나로 흐른다

온 세상의 물이 한데 모여 생긴
하나의 큰 바다가 수많은 생물을 살리듯이,
온 세상의 깨달음이 한데 모여
하나의 큰 깨달음을 이루면 수많은 중생이
행복을 누린다.

대승장엄론

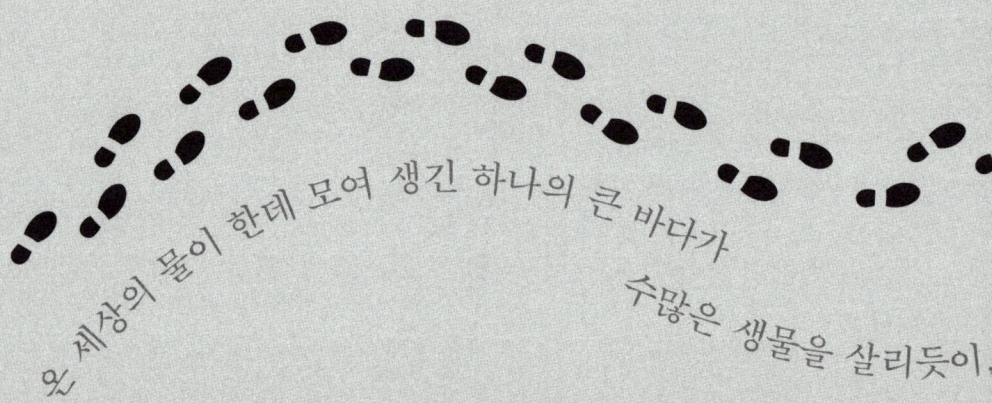

온 세상의 물이 한데 모여 생긴 하나의 큰 바다가 수많은 생물을 살리듯이,

年 月 日
오늘의 번뇌 지수
●●●●●

에디슨의 전구도
처음에는 순간의 빛이었지만,
반짝이는 그 순간순간이 모여
온 세상을 밝히죠.

온 세상의 깨달음이 한데 모여
하나의 큰 깨달음을 이루면 수많은 중생이 행복을 누린다.

죽음을 피할 길은 어디에도 없다

허공도 아니요, 바닷속도 아니며,
산속의 바위틈도 아니다.
죽음을 벗어날 수 있는 곳은
그 어디에도 없다.

非空非海中, 非入山石間,
비 공 비 해 중   비 입 산 석 간

無有地方所, 脫之不受死.
무 유 지 방 소   탈 지 불 수 사

법구경 무상품

非 아닐 비 | 空 빌 공 | 海 바다 해 | 入 들 입 | 山 뫼 산 | 石 돌 석
方 모 방 | 所 바 소 | 脫 벗을 탈 | 之 갈 지 | 受 받을 수 | 死 죽을 사

1장. 깨닫다!

非空非海中, 非入山石間,
無有地方所, 脫之不受死.

열반은 고요 속에서 이루어진다

즐겁도다, 선행의 보답이여.
원하는 바 모두 이루어지고
고요함에 이르면,
스스로 열반에 이르리라.

快哉福報, 所願皆成,
쾌 재 복 보 　 소 원 개 성

敏於上寂, 自致泥洹.
민 어 상 적 　 자 치 니 원

법구경 술불품

快 쾌할 쾌 | 哉 어조사 재 | 報 갚을 보
願 원할 원 | 皆 다 개 | 成 이룰 성 | 敏 민첩할 민 | 於 어조사 어 | 上 위 상 | 寂 고요할 적
自 스스로 자 | 致 이를 치 | 泥 진흙 니 | 洹 강 이름 원

1장. 깨닫다!

정결도진언(定決道眞言)

마음의 먼지를 씻어내고, 맑은 길 위에서 깨달음을 구한다는 뜻의 진언.
세 번 따라 쓰면서 마음을 정리해 보세요.
'깨끗하게, 맑게, 결정코 깨닫겠다'는 다짐으로 천천히 써 내려가세요.

옴 합부리 사바하

옴 합부리 사바하

옴 합부리 사바하

부처 자기소개서

부처

속명 싯다르타
호칭 석가모니
영문 The Buddha
이명 여래, 세존, 불

CONTACT

- **장소** 사바세계
- **시간** 항상 열려 있음
- **연결** 명상·관찰·정념·정진을 통한 직접 소통
- **언어** - 산스크리트어
  (브라만 계급의 언어)
  - 마가다어
  (당시 대중의 언어)

"안녕 날 소개하지
이름은 부처 직업은 깨달은 자
취미는 티칭 참선 독경 명상
법 설해 털어 번뇌 그리고 중생 위해
집착은 빼는 편이야
법문에서 질리는 맛이기에
나는 텅 비어 있고
probably 공空의 경지
진리를 묻는다면 지금 여기 있네."

주요 이력

B.C. 624
- 룸비니에서 출생
- 성 밖에서 노인, 병자, 망자, 수행자 목격

B.C. 595
- 가족을 떠나 수행 시작
- 6년간의 극한 트레이닝 '고행' 통과
- 보리수나무 아래 49일간의 정진 이수

B.C. 589
- 보리수나무 아래에서 '깨달음' 취득
- 45년간 현장 중심 순회 강연 진행
- 최초의 승가 커뮤니티 조직 및 운영
- 1250명 이상의 제자 양성
- 불교 주요 교리와 체제 정립

B.C. 544
- 쿠시나가라에서 마지막 설법을 하고 열반

대표 프로젝트

사성제 정립	고통의 원인부터 열반까지 과정을 처음 설명한 해탈 매뉴얼
초전법륜 설파	첫 설법을 통한 승가 커뮤니티 설립 및 제자 육성 프로젝트
연기법 확립	세상이 흘러가는 법칙을 누구나 알기 쉽게 설명한 이론 개발
여성 승가 설립	여성들을 위한 출가 커리큘럼 및 커뮤니티 설립

핵심 역량

- 고통 진단 및 깨달음 솔루션 제공
- 집착과 망상 패턴 감지
- 복잡한 개념을 생활 언어로 정의
- 관계와 현실의 구조 해석
- 커뮤니티 조직 매니지먼트
- 질문 기반의 맞춤형 가르침 제공

업무 스킬

명상 코칭 　　평생 학습 마인드 　　설법 커뮤니케이션 　　스토리텔링 역량

협업 스타일

- 차별 없이 환영
- 쉬운 비유 활용
- 수평 관계 지향
- 쌍방 소통 추구

짤막 상식 불교에서 '부처'란 깨달음을 완전히 이룬 존재, 즉 모든 무지와 집착을 끊고 진실을 스스로 깨달은 이를 말해요. 이는 특정 개인의 이름이 아니라 일종의 상태를 가리키는 개념이지요. 여기서는 수많은 부처 중 석가모니불을 소개하였습니다.

2장

중생아 사랑해

사랑은 무적이다

자비는 적이 없다.

慈悲無敵
자 비 무 적

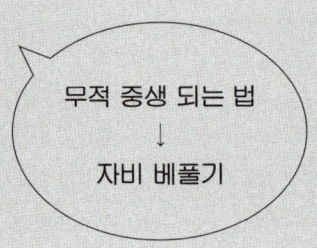

慈 사랑할 자 | 悲 슬플 비 | 敵 대적할 적

사랑 무한 리필권

사랑이 바닥난 것 같을 때, 또는 괜히 삐치고,
미워지고, 피곤할 때, 이 리필권을 사용해
사랑과 자비를 마음껏 누리도록 한다.

리필 방법은 간단하다. 다음의 문장을 세 번 따라 쓴다.

> 자비무적.
> 사랑과 자비에는 적이 없다.
>
> 자비무적.
> 사랑과 자비에는 적이 없다.
>
> 자비무적.
> 사랑과 자비에는 적이 없다.

발급자 부처님 (인)   소지자 _____ (인)

※ 이제 여러분은 무한한 사랑으로
무적이 되었습니다.

※ 리필 가능 횟수는 무제한입니다.

나보다 사랑스러운 사람은 없다

자신보다 더 사랑스러운 존재는 없고,
곡식보다 더 귀한 재물은 없으며,
지혜보다 더 밝은 광명은 없고,
생각보다 더 빨리 변하는 것은 없다.

無有愛過於己者, 無財過於穀者,
무 유 애 과 어 기 자   무 재 과 어 곡 자

無明過於慧者, 無速過於意者.
무 명 과 어 혜 자   무 속 과 어 의 자

잡아함경

> 길가에 누워 있는 고양이를 보는 연민의 눈으로 나 자신에게서도 사랑스러움을 발견하기.

己 자기 기 | 穀 곡식 곡 | 明 밝을 명 | 速 빠를 속 | 意 뜻 의

2장. 중생아 사랑해

無有愛過於己者, 無財過於穀者,
無明過於慧者, 無速過於意者.

사랑은 누구도 해치지 않는다

세상에 해를 끼치지 않으면
나도 해를 입지 않는다.
언제나 사랑으로 대하면,
누가 감히 원수가 되리.

無害於天下, 終身不遇害,
무 해 어 천 하   종 신 불 우 해

常慈於一切, 孰能與爲怨.
상 자 어 일 체   숙 능 여 위 원

법구경 도장품

害 해할 해 | 於 어조사 어 | 天 하늘 천 | 下 아래 하
終 마칠 종 | 身 몸 신 | 遇 만날 우 | 常 항상 상 | 孰 익을 숙 | 與 더불 여 | 爲 할 위

無害於天下, 終身不遇害,
常慈於一切, 孰能與爲怨.

사랑하지 않는 것이 진짜 사랑이다

사랑하는 것을 따르려고 하지 말고,
사랑하지 않는 것을 만들지도 말라.
사랑하는 이를 보지 못하면 근심하고,
사랑하지 않는 이를 보면 또한 근심하리라.

不當趣所愛, 亦莫有不愛,
　부　당　취　소　애　　　역　막　유　불　애

愛之不見憂, 不愛見亦憂.
　애　지　불　견　우　　　불　애　견　역　우

법구경 호희품

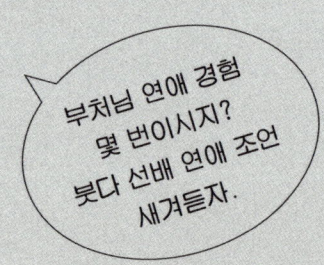

當 마땅할 당 | 趣 달릴 취 | 所 바 소
亦 또 역 | 莫 없을 막 | 有 있을 유 | 之 갈 지 | 見 볼 견 | 憂 근심 우

不當趣所愛, 亦莫有不愛,
愛之不見憂, 不愛見亦憂.

아픔 속에서 행복의 열매가 자란다

선한 행동은 행복의 열매를 키우는 양분이 된다.
열매가 다 익기 전까지는 아픔이 있을 수 있으나
마침내 그 열매가 무르익으면,
선한 사람은 반드시 복을 받는다.

貞祥見禍, 其善未熟,
정 상 견 화　　기 선 미 숙

至其善熟, 必受其福.
지 기 선 숙　　필 수 기 복

법구경 악행품

年 月 日

오늘의 번뇌 지수

●●●●●

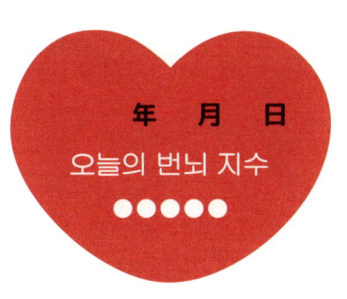

貞	祥	見	禍
곧을 정	상서로울 상	볼 견	재앙 화
其	善	未	熟
그 기	착할 선	아닐 미	익을 숙
至	其	善	熟
이를 지	그 기	착할 선	익을 숙
必	受	其	福
반드시 필	받을 수	그 기	복 복

사랑=미움

사랑이 좋다 하여
사랑에 집착할수록
미움이 자란다.

미움이 싫다 하여
미움을 떠나버리면
사랑도 떠나간다.

태현 스님, 『몸이 마음에게 묻는다』

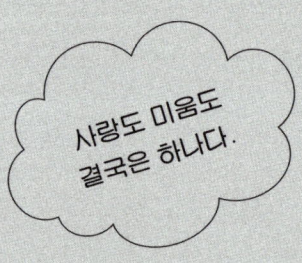

이별 또한 인연이다

그대는 지금 괴로워하지 말라.
모든 것은 변하고 만남에도 헤어짐이 따른다.
그러니 이별 앞에서 근심하거나 괴로워하지 말라.

汝今不應生苦惱也.
여 금 불 응 생 고 뇌 야

一切諸行法皆如是,
일 체 제 행 법 개 여 시

悉爲無常之所遷變,
실 위 무 상 지 소 천 변

合會恩愛, 必有別離.
합 회 은 애   필 유 별 리

是故汝今勿生憂惱.
시 고 여 금 물 생 우 뇌

열반경

관세음보살 명호 사경

특정 부처, 보살의 이름을 반복해서 쓰는 수행을 '명호 사경'이라고 해요.
관세음보살 명호 사경은 세상의 괴로움에서 잠시 벗어나 귀를 기울이게 하죠.
아무 생각 말고 따라 써 보세요. 대자자비가 이미 손안에 있을 테니.

관세음보살

관세음보살

관세음보살

원한의 끝에 즐거움은 없다

원한을 원한으로 갚지 말라.
그 끝에는 즐거움이 없다.
자비로 품어 원한을 멈추게 하라.
이것이 바로 부처의 마음이다.

不可怨以怨, 終已得快樂,
불 가 원 이 원　종 이 득 쾌 락

行忍怨自息, 此名如來法.
행 인 원 자 식　차 명 여 래 법

법집요송경

可 옳을 가 | 怨 원망할 원 | 以 써 이 | 終 마칠 종 | 已 이미 이 | 得 얻을 득 | 快 쾌할 쾌 | 樂 즐길 락
行 행할 행 | 忍 참을 인 | 自 스스로 자 | 息 쉴 식 | 此 이 차 | 名 이름 명 | 法 법 법

2장. 중생아 사랑해

不可怨以怨, 終已得快樂,
行忍怨自息, 此名如來法.

입안 도끼가 몸과 마음을 해친다

세상에 태어난 사람은 입안에 도끼가 있으니
몸을 해치고 망치는 원인이 바로 거기에 있다.

夫士之生, 斧在口中,
　부　사　지　생　　　부　재　구　중

所以斬身, 由其惡言.
　소　이　참　신　　　유　기　악　언

법구경 언어품

夫 사내부 | 士 선비사 | 之 갈지 | 斧 도끼부 | 在 있을재 | 口 입구
所 바소 | 以 써이 | 斬 벨참 | 身 몸신 | 由 말미암을유 | 其 그기 | 惡 악할악 | 言 말씀언

夫士之生, 斧在口中,
所以斬身, 由其惡言.

우린 그냥
아기 중생인데
속세는 유혹으로
가득하지

필사 용맹 정진
계속 킢 고잉

우리 사이엔 어떠한 차별도 없다

진정한 자유를 알기에 내가 이렇게 말하니
저 부처와 나 사이에는 어떠한 다름도 없다.

緣自得法住, 故我作是說,
연 자 득 법 주   고 아 작 시 설

彼佛及與我, 悉無有差別.
피 불 급 여 아   실 무 유 차 별

능가경

緣 인연 연 | 得 얻을 득 | 住 머무를 주 | 故 까닭 고 | 我 나 아 | 作 지을 작 | 說 말씀 설
彼 저 피 | 佛 부처 불 | 及 미칠 급 | 與 더불어 여 | 悉 모두 실 | 差 다를 차 | 別 다를 별

緣自得法住, 故我作是說,
彼佛及與我, 悉無有差別.

생각을 멈춰야 마음이 드러난다

바다와 파도가 둘이 아닌 것처럼
모든 앎과 마음도 서로 다를 수 없다.

譬如海波浪, 是則無差別,
비 여 해 파 랑　시 즉 무 차 별

諸識心如是, 異亦不可得.
제 식 심 여 시　이 역 불 가 득

능가경

譬 비유할 비 | 如 같을 여 | 海 바다 해 | 波 물결 파 | 浪 물결 랑
諸 모두 제 | 識 알 식 | 異 다를 이 | 亦 또 역

譬如海波浪, 是則無差別,
諸識心如是, 異亦不可得.

오직 존귀한 한 사람

하늘 위와 아래, 오직 나만이 존귀하다.
과거, 현재, 미래 모두 괴로움으로 가득하니
마땅히 내가 이 세상을 평온하게 하리라.

天上天下, 唯我獨尊.
천 상 천 하   유 아 독 존

三界皆苦, 我當安之.
삼 계 개 고   아 당 안 지

수행본기경

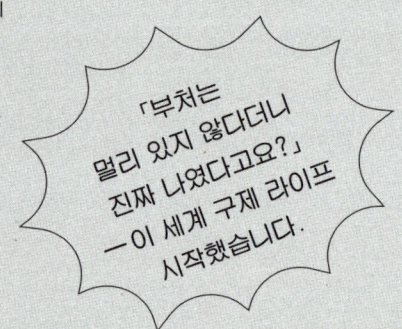

天上天下, 唯我獨尊.
三界皆苦, 我當安之.

혼란에 물들지 않아야 진짜 깨달음

연꽃은 진흙 속에서 싹을 틔워 피어나지만,
그 향기와 사랑스러움은 진흙에 물들지 않는다.
깨달음도 이와 같아서
삶과 번뇌 속에서 태어나지만
세상의 혼란에 물들지 않는다.

유마경

> 진흙 속에서도
> 맑은 꽃을 피우는 연꽃은
> 무지와 번뇌 속에서도
> 깨달음을 얻을 수 있다는
> 상징이다.

진흙 속에서도 맑게 피어나는 연꽃은
주위에 물들지 않고 세상을 품어요.
아래 점을 이어 마음속 자비의 꽃을 피워보세요.

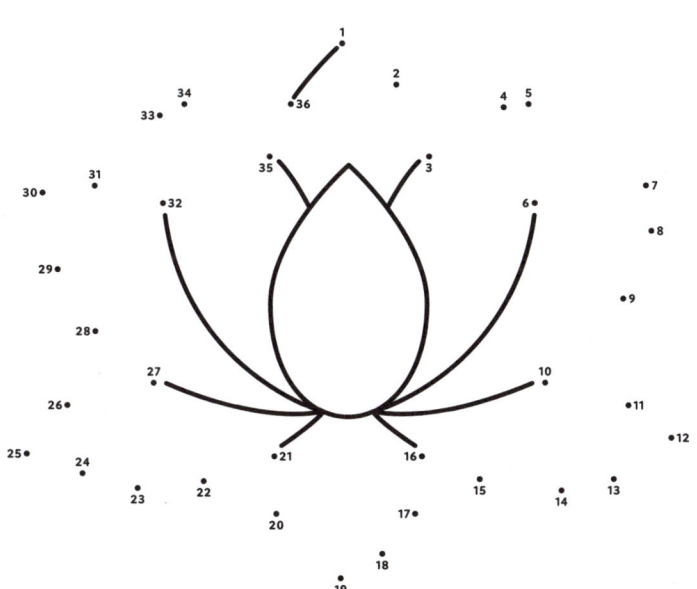

사랑도 언젠가는 이별을 맞는다

대지는 단단하여 만물을 짊어지지만,
시간이 다하면 업화에 휩싸여 사라지듯
사랑으로 맺어진 인연도 끝내 이별한다.

大地雖堅固, 能負荷一切,
대 지 수 견 고   능 부 하 일 체

劫盡業火然, 亦復歸無常,
겁 진 업 화 연   역 복 귀 무 상

恩愛合會者, 必歸於別離.
은 애 합 회 자   필 귀 어 별 리

열반경

地 땅 지 | 雖 비록 수 | 堅 굳을 견 | 固 굳을 고 | 負 질 부 | 荷 멜 하
劫 위협할 겁 | 盡 다할 진 | 業 업 업 | 火 불 화 | 然 그럴 연 | 歸 돌아갈 귀

大地雖堅固, 能負荷一切,
劫盡業火然, 亦復歸無常,
恩愛合會者, 必歸於別離.

하나 속에 온 우주가 있다

오른쪽은 의상대사가 깨달음을 얻은 뒤, 우주의 진리를 한 장의 도식으로 표현한 것으로 '화엄일승법계도'라고 해요. 하나가 곧 일체요, 일체가 곧 하나라는 화엄의 세계관이 여기 모두 담겨 있지요. 한 글자씩 순서대로 따라 쓰면서 하나와 온 우주가 연결된 세계를 그려보아요.

> 하나가 곧 일체요, 일체가 곧 하나라는 화엄의 세계관이 '화엄일승' 네 글자에 모두 담겨 있다.

> 한자를 이해하기 쉽게 재해석한 화엄일승법계도 해탈컴퍼니 ver!

세상속에
니도간에
나한영시
타생다원
나각이이
라에있라
따스상세
연음러지
인은달깨
여온형태
하세과할
묘상름뿐
미에이된
고깊은침

2장. 중생아 사랑해

年 月 日
오늘의 번뇌 지수
●●●●●●

깨달으면 어디서든 즐겁다

마을에 있거나 숲속에 있거나
평지에 있거나 고원에 있거나
깨달은 이가 머무는 자리,
그곳이 가장 즐겁다.

若聚若野, 平地高岸,
약 취 약 야　평 지 고 안

應眞所過, 莫不蒙度.
응 진 소 과　막 불 몽 도

법구비유경

年 月 日
오늘의 번뇌 지수

若	聚	若	野
같을 약	모을 취	같을 약	들 야

平	地	高	岸
평평할 평	땅 지	높을 고	언덕 안

應	眞	所	過
응할 응	참 진	바 소	지날 과

莫	不	蒙	度
없을 막	아니 불	어두울 몽	법도 도

신들의 부러움을 사는 법

지혜로운 이는 깊은 알아차림으로
자신을 살피며 마음의 고요를 즐긴다.
신들조차도 그런 이를 부러워한다.

쿳다까 니까야

> 신들조차도 부러워하는 삶.
> 한 번쯤은 살아보고 싶어.

질문이 곧 자비의 시작이다

수보리야, 네 생각은 어떠하니?

須菩提! 於意云何?
수 보 리 어 이 운 하

금강경

> 제 의견도 물어봐 주시는 건가요? 감사합니다.

> 금강경의 주요 내용은 수보리와 부처님이 주고받은 문답이다. 이처럼 불교에서 '가르침'은 서로의 생각을 묻고 답하며 주체적으로 사고하는 과정이기도 하다.

須 모름지기 수 | 菩 보살 보 | 提 끌 제 | 於 어조사 어 | 云 이를 운 | 何 어찌 하

관세음보살 육자진언(觀世音菩薩 六字眞言)

진언의 원래 이름은 '관세음보살 본심미묘 육자대명왕진언'.
그래서 보통 '관세음보살 육자진언'으로 부르곤 해요.
온 세상을 사랑으로 보살피는 관세음보살님을 모시는 진언이죠.
진언을 따라 쓰며 관세음보살과 같은 사랑으로 마음을 가득 채워보아요.

옴 마니 반메 훔

옴 마니 반메 훔

옴 마니 반메 훔

불교에는 부처님이 왜 이렇게 많을까?

불교에서 '부처'는 깨달음을 얻은 존재를 말해요. 석가모니 외에도 과거와 미래에 무수히 많은 부처님이 있다고 여기죠. 마치 의사 면허증을 딴 사람이 여럿이듯, '깨달음'이라는 자격을 얻은 분들이 여럿인 거죠. 부처님마다 서로 다른 시공간에서 중생을 구제하는 역할을 맡고 있어요. 어떤 부처님은 역사적 실존 인물이고, 어떤 부처님은 우주의 진리 자체를 상징하기도 합니다. 한 선생님이 모든 학생을 가르칠 수 없으니 여러 선생님이 역할과 과목을 나눈 것과 비슷하죠.

석가모니불
釋迦牟尼佛

**모든 것은 변하고,
집착이 고통을 만든다**

'부처' 하면 가장 먼저 떠올리는 그분, 싯다르타가 성불한 이후 붙여진 이름이에요. 지금의 네팔 지방에서 태어난 싯다르타가 깨달음을 얻어 석가모니불이 된 것이죠. 그의 출생과 입멸 연도에 대해서는 의견이 다양한데, 우리나라에서는 B.C. 624~544년 설을 따르고 있어요. 35세에 보리수나무 아래에서 깨달음을 얻고, 80세까지 인도 전역을 돌며 가르침을 펼쳤다고 해요.

#실존인물 #깨달음의원조 #괴로움탐구자
#보리수나무아래 #현실세계의스승

비로자나불
毘盧遮那佛

**하나 속에 전체가 있고,
전체 속에 하나가 있다**

우주 그 자체를 상징하는 부처. '비로자나'는 '빛이 두루 비친다'는 뜻으로, 우주의 진리와 법신(法身)을 상징하는 부처님이에요. 실존 인물이 아니라 우주 만물에 깃든 불성 그 자체를 의인화한 존재라고 할 수 있어요. 화엄사상에서 특히 중요하게 여기며, 모든 부처님의 근원이자 우주의 중심으로 봐요.

#우주의진리 #진리자체 #시간초월
#광대한존재 #모든부처의근원 #지권인

짤막 상식 부처가 이미 완전한 깨달음을 얻은 존재라면, 보살은 깨달음을 얻을 수 있는데도 일부러 기다리는 존재예요. 왜 기다릴까요? 고통받는 중생을 먼저 구제하기 위해서입니다. "나 혼자 먼저 갈 수 없어, 너희도 함께 가자"라는 마음으로 중생 곁에 남아 있는 거죠. 우리에게 친근한 관세음보살, 지장보살 등이 바로 보살의 이름입니다.

아미타불
阿彌陀佛

나의 이름을 부르는 모든 이를 극락으로 인도하리라

서방극락정토의 주인장. '무한한 빛과 수명'을 뜻하는 아미타불은 서쪽 극락세계를 다스리는 부처님이에요. "나무아미타불"이라고 외면 극락왕생할 수 있다는 믿음으로 동아시아 불교에서 가장 대중적인 신앙의 대상이 되었죠. 복잡한 수행 없이도 염불만으로 구원받을 수 있다는 '쉬운 접근성'이 매력 포인트!

#극락왕생 #나무아미타불 #무량수 #서방정토
#무한자비 #쉽고빠른극락 #염불만해도OK

약사여래불
藥師如來佛

질병으로 고통받는 모든 이를 치유하리라

동방 세계의 힐링 전문 부처. 동쪽의 유리광 세계에 사는 약사여래는 '마음과 몸의 병을 모두 고치는' 치유를 상징해요. 불상에서는 왼손에 약병을 들고 있는 모습으로 표현되며, 12가지 큰 서원을 세워 중생의 질병과 재난을 없애겠다고 약속했다고 해요. 건강과 장수를 기원할 때 주로 찾는 부처님입니다.

#힐링부처 #약병 #유리광세계
#건강기원 #고통완화

3장

개큰지혜

물음으로 지혜의 싹을 틔워라

훌륭하다, 훌륭하구나.
참으로 좋은 물음이다.
지혜로운 자여, 잘 들으라.
이제 네 물음에 따라 차례로 말하리라.

善哉善哉問, 大慧善諦聽,
선 재 선 재 문   대 혜 선 체 청

我今當次第, 如汝所問說.
아 금 당 차 제   여 여 소 문 설

능가경

善 착할 선 | 哉 어조사 재 | 問 물을 문 | 大 큰 대 | 慧 지혜 혜 | 諦 살필 체 | 聽 들을 청 | 我 나 아
今 이제 금 | 當 마땅할 당 | 次 버금 차 | 第 차례 제 | 如 같을 여 | 汝 너 여 | 所 바 소 | 說 말씀 설

지혜 부스터 사용 허가증

나는 지혜가 필요한 상황에서
지혜 부스터를 자유롭게 사용하여
상황을 슬기롭게 대처할 수 있는
자격을 부여받는다.

 소지자 _____ (인)
발행번호 6240408
발행일 지금

위와 같이 허가함.

부처님 (인)

지혜와 자만은 물과 기름의 관계

어리석음이 깊은 자는
스스로 지혜롭다 말한다.
어리석으면서 지혜롭다 여긴다면,
그것이야말로 참된 어리석음이다.

愚曚愚極, 自謂我智,
우 몽 우 극　자 위 아 지

愚而勝智, 是謂極愚.
우 이 승 지　시 위 극 우

법구경 우암품

愚	曚	愚	極
어리석을 우	어두울 몽	어리석을 우	다할 극

自	謂	我	智
스스로 자	이를 위	나 아	지혜 지

愚	而	勝	智
어리석을 우	말 이을 이	이길 승	지혜 지

是	謂	極	愚
이 시	이를 위	다할 극	어리석을 우

저절로 되길 바라면 답답할 뿐

지혜로운 뜻이 없고
배우기를 즐기지 않으면
그 마음은 좁고 답답하여
물에 뜬 기름방울과 같다.

自無慧意, 不好學問,
자 무 혜 의   불 호 학 문

凝縮狹小, 酪酥投水.
응 축 협 소   낙 소 투 수

법구경 광연품

慧 지혜 혜 | 意 뜻 의 | 不 아니 불 | 好 좋아할 호 | 學 배울 학 | 凝 엉길 응 | 縮 줄일 축
狹 좁을 협 | 小 작을 소 | 酪 타락 락 | 酥 연유 소 | 投 던질 투 | 水 물 수

3장. 개큰지혜

自無慧意, 不好學問,
凝縮狹小, 酪酥投水.

지혜 없인 백 년 산들 부질없다

백 년을 산다 할지라도
거짓되고 지혜가 없다면
한마음으로 지혜를 배우며
하루를 사는 것만 못하리.

若人壽百歲, 邪僞無有智,
약 인 수 백 세   사 위 무 유 지

不如生一日, 一心學正智.
불 여 생 일 일   일 심 학 정 지

법구경

若 만약 약 | 人 사람 인 | 壽 목숨 수 | 百 일백 백 | 歲 해 세
邪 간사할 사 | 僞 거짓 위 | 無 없을 무 | 有 있을 유
如 같을 여 | 生 날 생 | 一 한 일 | 心 마음 심 | 學 배울 학 | 正 바를 정

3장. 개큰지혜

若人壽百歲, 邪僞無有智,
不如生一日, 一心學正智.

번뇌의 바다에 빠져야 진주를 찾는다

모든 번뇌가 깨달음의 씨앗이다.
저 바다에 들어가지 않으면
귀중한 진주를 취할 수 없는 것처럼
번뇌의 바다에 들어가지 않으면
그 어떤 지혜도 얻을 수 없다.

一切煩惱, 爲如來種.
일 체 번 뇌 위 여 래 종

譬如不下巨海, 不能得無價寶珠.
비 여 불 하 거 해 불 능 득 무 가 보 주

유마경

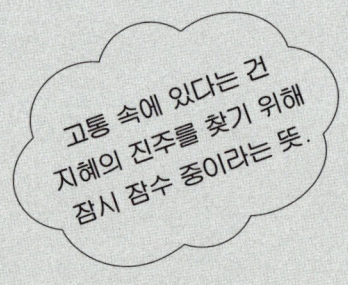

煩 번거로울 번 | 惱 번뇌할 뇌 | 種 씨 종
巨 클 거 | 價 값 가 | 寶 보배 보 | 珠 구슬 주

절에서 울리는 '똑, 똑' 소리의 주인공, 목어.
늘 눈을 뜨고 깨어 있으라는 뜻을 담고 있어요.
아래 점을 이어 깨어 있는 마음을 그려보세요.

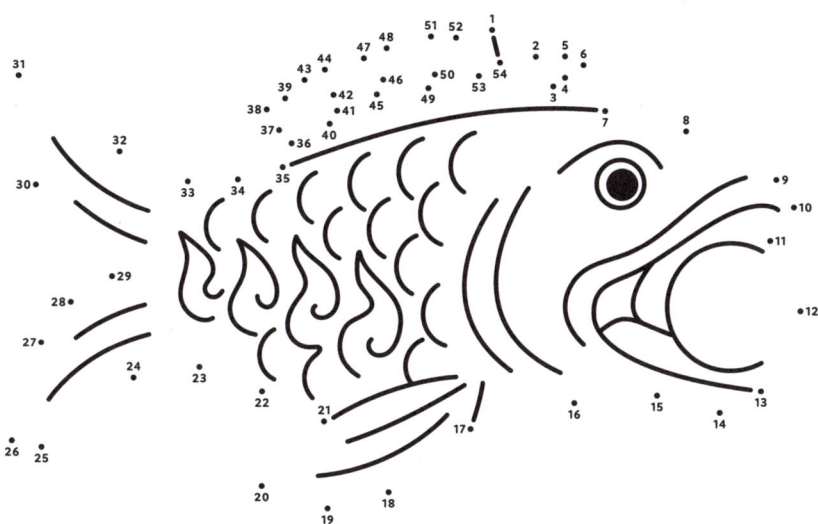

지혜는 흔들리지 않는다

무거운 바위는 바람에도 움직이지 않듯
지혜로운 이는 마음이 진중하여,
비난과 칭찬에도 흔들리지 않는다.

譬如厚石, 風不能移,
비 여 후 석　　풍 불 능 이

智者意重, 毀譽不傾.
지 자 의 중　　훼 예 불 경

법구경 명철품

譬 비유할 비 | 厚 두터울 후 | 石 돌 석 | 風 바람 풍 | 能 능할 능 | 移 옮길 이
者 사람 자 | 意 뜻 의 | 重 무거울 중 | 毀 헐 훼 | 譽 기릴 예 | 傾 기울 경

譬如厚石, 風不能移,
智者意重, 毀譽不傾.

자신을 다스릴 줄 알아야 진짜다

조궁장은 활을 다스리고,
뱃사공은 배를 다스리고,
목수는 나무를 다스리고,
지혜로운 이는 스스로를 다스린다.

弓工調角, 水人調船,
궁 공 조 각   수 인 조 선

材匠調木, 智者調身.
재 장 조 목   지 자 조 신

법구경 명철품

> 자신의 몸과 마음을 잘 다스릴 줄 아는 것이 진정한 지혜입니다.

弓 활 궁 | 工 장인 공 | 調 고를 조 | 角 뿔 각
水 물 수 | 船 배 선 | 材 재목 재 | 匠 장인 장 | 木 나무 목 | 身 몸 신

조궁장: 활을 만드는 일을 업으로 삼은 사람

弓工調角, 水人調船,
材匠調木, 智者調身.

중요한 건 말이 아니라 마음이다

말을 잘하는 사람이 지혜로운 것이 아니다.
두려움이 없고 욕심도 없으며
선한 마음을 지키는 사람이 지혜로운 것이다.

所謂智者, 不必辯言,
소 위 지 자   불 필 변 언

無恐無懼, 守善爲智.
무 공 무 구   수 선 위 지

법구경 봉지품

謂 이를 위 | 必 반드시 필 | 辯 말 잘할 변 | 言 말씀 언
恐 두려워할 공 | 懼 두려워할 구 | 守 지킬 수 | 爲 할 위

3장. 개큰지혜

所謂智者, 不必辯言,
無恐無懼, 守善爲智.

지혜는 시늉하지 않는다

지혜로운 이는 그 어디에도 집착하지 않아
머무는 곳마다 밝고 긍정적이며
혹 괴로움이나 즐거움을 느껴도
잘난 체하며 자신을 드러내지 않는다.

大人體無欲, 在所照然明,
대 인 체 무 욕　　재 소 조 연 명

雖或遭苦樂, 不高現其智.
수 혹 조 고 락　　불 고 현 기 지

법구비유경

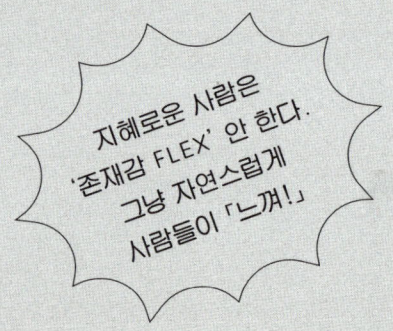

體 몸 체 | 在 있을 재 | 照 비출 조 | 然 그럴 연
雖 비록 수 | 或 혹 혹 | 遭 만날 조 | 苦 괴로울 고 | 現 나타날 현 | 其 그 기 | 智 지혜 지

大人體無欲, 在所照然明,
雖或遭苦樂, 不高現其智.

다 써야 끝나지
그냥은 안 끝나

이렇게 계속 쓰다 보면
열반도 가능할걸?

아무 이득도 없는 생각의 굴레

시작하는 것이 시작하지 않는 것만 못하고
시작하지 않는 것이 시작하는 것만 못하면
여기에는 아무런 이로움이 없으므로
무엇을 덧붙일 생각조차 필요 없다.

始無如不, 始不如無,
시 무 여 불   시 불 여 무

是爲無得, 亦無有思.
시 위 무 득   역 무 유 사

법구경 니원품

年 月 日

오늘의 번뇌 지수

●●●●●

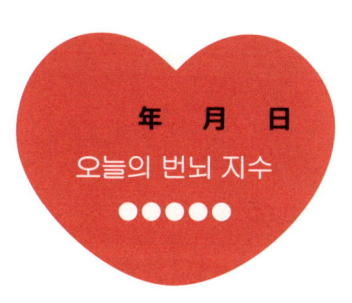

始	無	如	不
처음 시	없을 무	같을 여	아니 불
始	不	如	無
처음 시	아니 불	같을 여	없을 무
是	爲	無	得
이 시	이를 위	없을 무	얻을 득
亦	無	有	思
또 역	없을 무	있을 유	생각 사

작은 지혜로 큰 깨달음을 얻을 수 없다

반딧불로 산을 태우려 해도 결국 태울 수 없듯이,
중생의 마음과 중생의 시선으로는
저 큰 깨달음의 바다에 결코 도달하지 못한다.

如取螢火燒須彌山, 終不能著.
여 취 형 화 소 수 미 산   종 불 능 착

以輪迴心, 生輪迴見,
이 윤 회 심   생 윤 회 견

入於如來大寂滅海, 終不能至.
입 어 여 래 대 적 멸 해   종 불 능 지

원각경

取 가질 취 | 螢 반딧불이 형 | 燒 불사를 소 | 著 붙을 착
輪 바퀴 륜 | 迴 돌아올 회 | 寂 고요할 적 | 滅 다할 멸 | 海 바다 해

3장. 개큰지혜

年 月 日
오늘의 번뇌 지수

지혜로운 느낌이 드는 치트 키 공개!

작은 지혜를 하나씩 쌓으면 큰 깨달음에 다다를 수 있을까?
아래 '지혜'의 한자를 네 번 총 108획에 걸쳐 따라 써보자.

智慧 智慧

智慧 智慧

마음이 맑아야 무지의 늪을 건넌다

마음이 맑으면 생각이 고요하고,
탐욕과 즐거움에 물들지 않는다.
이미 어리석음의 늪을 건넌 이는
기러기가 연못을 떠나듯 집착을 버린다.

心淨得念, 無所貪樂,
심 정 득 념   무 소 탐 락

已度癡淵, 如鴈棄池.
이 도 치 연   여 안 기 지

법구경 나한품

淨 깨끗할 정 | 念 생각 념 | 貪 탐할 탐 | 樂 즐길 락
癡 어리석을 치 | 淵 못 연 | 鴈 기러기 안 | 棄 버릴 기 | 池 못 지

心淨得念, 無所貪樂,
已度癡淵, 如鴈棄池.

49일차

중도는 중립과 다르다

마음은 무한해서 양 끝이라고 할 만한 것이 없는데,
어떻게 가운데(中)가 있다고 말할 수 있을까.
이를 아는 것을 중도라 하며,
이것이 참된 깨달음에 이르는 길이다.

心旣無二邊, 中亦何有哉,
심 기 무 이 변   중 역 하 유 재

但得如是者, 卽名中道, 眞如來道.
단 득 여 시 자   즉 명 중 도   진 여 래 도

돈오입도요문론

> 중립 기어가 중도라고요?
> 아니요. 그 기어를 뽑을 수 있어야 진짜 중도입니다.

旣 이미 기 | 邊 가 변 | 何 어찌 하 | 哉 어조사 재 | 卽 곧 즉 | 道 길 도

心旣無二邊,
中亦何有哉, 但得如是者,
卽名中道, 眞如來道.

거울 속에 거짓이 있다

거울에는 모습이 비치지만
실재하지 않는다.
어리석은 이는 망상의 거울 속에
둘이 있다고 여긴다.

譬如鏡中像, 雖現而非有,
비 여 경 중 상 수 현 이 비 유

於妄想心鏡, 愚夫見有二.
어 망 상 심 경 우 부 견 유 이

능가경

鏡 거울 경 | 像 모양 상 | 雖 비록 수 | 現 나타날 현

거울에 비친 '개큰지혜' 쓰기

거울 속에 보이는 모습은 정말 존재할까요?
아래 글자를 따라 쓰면서 생각해 보아요.

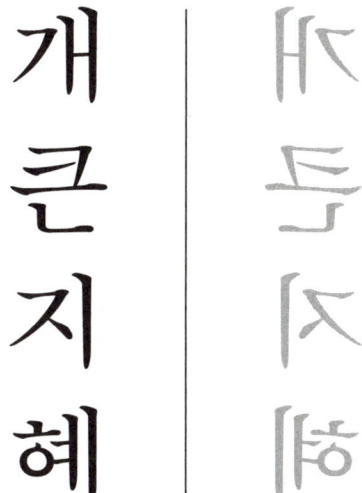

세상을 품어야 깨달음이 완성된다

아주 높은 절벽 위에서 고요히 명상을 하고 있어도
그것이 참된 깨달음의 경지라고 할 수는 없다.
그 높은 절벽에서 한 걸음 더 나아갈 수 있어야
비로소 세상을 품은 진정한 깨달음이 드러나리라.

百尺竿頭坐底人,
백 척 간 두 좌 저 인

雖然得入未爲眞,
수 연 득 입 미 위 진

百尺竿頭須進步,
백 척 간 두 수 진 보

十方世界現全身.
시 방 세 계 현 전 신

경덕전등록

> 부처님 품으로
> 숨 참고 러브 다이브 하실 분?
> (절벽에서 뛰라는 뜻이
> 아닙니다)

百尺竿頭坐底人,
雖然得入未爲眞,
百尺竿頭須進步,
十方世界現全身.

생각만 반복하면 변화는 요원한 법

덥다고 여기서 멈추고
춥다고 저기서 멈추면서
걱정이 많고 생각만 많으면
다가오는 변화를 알지 못한다.

暑當止此, 寒當止此,
서 당 지 차　한 당 지 차

愚多務慮, 莫知來變.
우 다 무 려　막 지 래 변

법구경 우암품

暑 더울 서 | 止 그칠 지 | 寒 찰 한 | 多 많을 다 | 務 힘쓸 무 | 慮 생각할 려
莫 없을 막 | 知 알 지 | 來 올 래 | 變 변할 변

3장. 개근지혜

暑當止此, 寒當止此,
愚多務慮, 莫知來變.

고요한 마음에서 지혜가 자란다

어질고 현명한 사람은 말로만 하지 않는다.
마음이 맑지 못하면 겉으로만 순한 체할 뿐이다.

마음이 자연스럽고 안으로는 고요히 비어 있어
자기 마음을 바로 볼 수 있어야만
비로소 어질고 현명한 것이다.

所謂仁明, 非口不言,
소 위 인 명　　비 구 불 언

用心不淨, 外順而已.
용 심 불 정　　외 순 이 이

謂心無爲, 內行淸虛,
위 심 무 위　　내 행 청 허

此彼寂滅, 是爲仁明.
차 피 적 멸　　시 위 인 명

법구경 봉지품

3장. 개큰지혜

所謂仁明, 非口不言,
用心不淨, 外順而已.
謂心無爲, 內行淸虛,
此彼寂滅, 是爲仁明.

지혜는 깨어 있음이다

지혜로운 사람은 언제나 깨어 있어,
행할 것은 행하고, 행하지 말 것은 행하지 않는다.

黠人當分別是因緣,
힐인당분별시인연

可行者當爲行,
가행자당위행

不可行者當爲莫行.
불가행자당위막행

잡아함경

黠 슬기로울 힐 | 分 나눌 분 | 是 옳을 시 | 因 인할 인 | 緣 인연 연
可 옳을 가 | 者 사람 자 | 莫 없을 막

비로자나불총귀진언(毘盧遮那佛總歸眞言)

모든 지혜와 깨달음이 궁극적으로 하나로 돌아간다는 진언.
짧은 진언이지만, 그 안에 우주의 지혜가 담겨 있어요.
손이 먼저 알아차리도록, 생각 없이 일단 따라 써보세요.

옴 아비라 훔캄

옴 아비라 훔캄

옴 아비라 훔캄

불상, 본격 부처님 비주얼 코드 분석

불교에서는 부처님의 모습을 불상으로 만들어 보여줘요. 불상은 부처님의 모습을 사실적으로 재현한 것이 아니라, '깨달은 존재가 어떤 상태에 이르렀는지'를 상징적으로 보여주는 이미지라고 할 수 있어요. 불상의 얼굴, 자세, 손 모양 하나하나가 부처님의 마음과 가르침을 담고 있는 셈이죠.

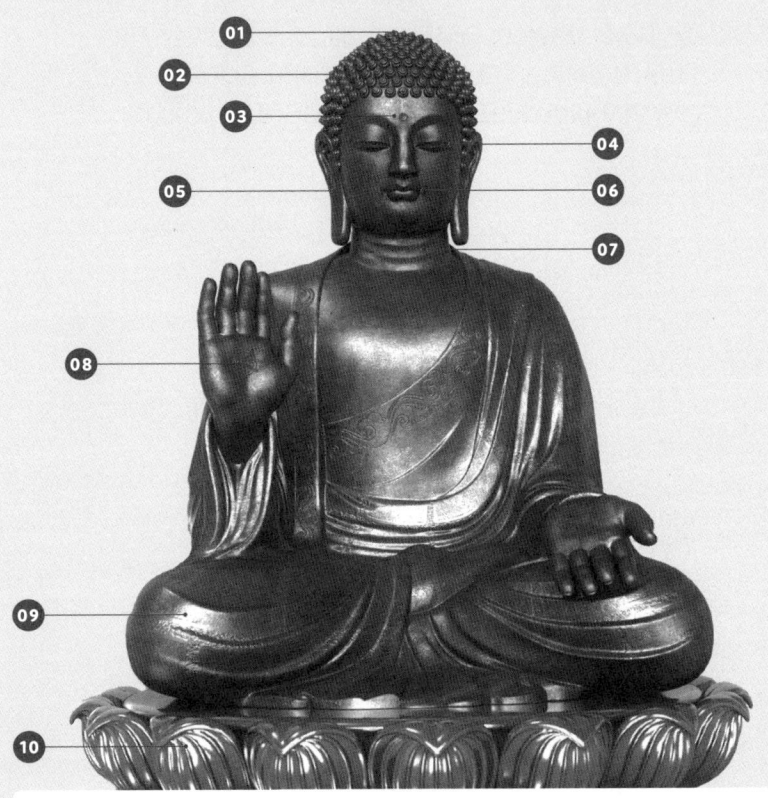

짤막 상식 불교에서는 부처님과 인간의 차이점을 32가지 모습과 80가지 특징으로 정리하고, 이를 32상 80종호라 불러요. 여기서 소개한 특징들은 대다수 불상에서 볼 수 있고, 다른 특징들은 불상마다 차이가 있어요.

01 육계 肉髻

정수리의 봉우리는 '깨달음이 여기까지 차올랐다'는 표시라고 할 수 있어요. 지혜가 어느 정도인지 말 안 해도 '아, 저분은 다 알고 있겠구나' 싶은 정도로요.

02 나발 螺髮

불상의 머리는 고데기 스타일이 아니라 수행의 결과, 자연스럽게 잡힌 소라 모양이에요. 복잡한 생각까지 정리된 듯한 단정함이 느껴지죠.

03 백호 白毫

미간에 자리한 흰 털. 단순히 멋으로 기른 게 아니라 흐트러진 마음을 바로잡는 중심이자 깨달음의 빛을 비추는 출발점이에요.

04 반쯤 감은 눈

반안반개(半眼半開), 쉽게 말해 반쯤 감은 눈은 졸음 때문이 아니고, 안과 밖을 함께 보는 부처님의 태도를 보여줘요. 너무 날카롭지도, 너무 흐리지도 않은 균형감이 담겨 있어요.

05 긴 귓볼

길게 늘어진 모양으로 세상 만물의 소리에 모두 귀 기울이는 부처님의 포용력을 상징해요. 말이든 마음속 걱정이든, 흘려듣지 않고 받아들이는 태도를 보여주죠.

06 미소 微笑

억지스러운 표정이 아니라 번뇌가 잦아든 후의 자연스러운 미소. 거의 티가 나지 않지만, 그 안에는 오래 쌓인 평온이 담겨 있어요.

07 삼도 三道

목에 파인 세 개의 줄은 부처님의 나이를 뜻하는 게 아니라 수행의 깊이를 드러내는 표식이에요.

08 수인 手印

손 모양 하나하나가 부처님의 마음과 메시지를 보여주는 언어라고 할 수 있어요. 말 대신 손으로 전하는 단정하고 명료한 표현법인 셈.

09 자세

불상의 자세는 다양한데 안정과 평정이 느껴지는 좌상(坐像), 실천의 의지가 느껴지는 입상(立像), 평온한 태도가 만연한 와상(臥像)이 대표적이에요.

10 대좌

불상이 자리한 받침대로 부처님 전용 좌석이에요. 통상 연꽃이 많이 사용되는데, 이는 더러운 진흙에서도 깨끗한 꽃을 피우는 청정함을 상징해요.

4장

응 수행정진하면 돼~

게으름도 수행의 일부다

지금 내가 게으르다면 충분히 게으르십시오.
그것도 지금 나에게 꼭 필요하기 때문에
나타난 것입니다. (필연)
그 게으름에 집중합니다.
그 게으름의 인연이 완전 연소될 때까지
완벽하게 게으르기 위해 노력합니다.
그러면 다시는 같은 게으름은 오지 않게 됩니다.
그 에너지가 더 이상 존재하지 않기
때문입니다. (인연)

태현 스님, 『몸이 마음에게 묻는다』

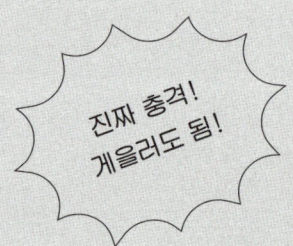

게으름 허락 보증서

이 문서 소지자는 하루쯤 아무 일도
하지 않아도 됨을 공식적으로 인정받는다.

이 게으름은 나태가 아니라 회복이다.
의욕 부재가 아니라 충전의 시간이다.

아래를 따라 적거나, 하고 싶은 걸 적어보자.
작성 후 효력이 발동되며
이때 눕기, 멍때리기, 침대 위 명상 등
일체 행위는 모두 정당한 수행 행위로 간주한다.

집에서 하루 종일 누워 있어도	**돼!**
아무 생각 없이 멍때려도	**돼!**
침대 위에 누워서 명상해도	**돼!**

유효기간 오늘 하루   **발급자** **부처님** (인)
소지자 _____ (인)

멈추지 않는 정성이 불을 피운다

나무를 비벼 불을 피울 때
불이 나무에 붙기 전에 멈추면
불을 얻고자 해도 얻지 못하듯
무언가를 이루려면 끊임없이 노력해야 한다.

若行者之心數數懈廢,
약 행 자 지 심 삭 삭 해 폐

譬如鑽火未熱而息, 雖欲得火,
비 여 찬 화 미 열 이 식 수 욕 득 화

火難可得. 是名精進.
화 난 가 득   시 명 정 진

유교경

> 열심히 만든 불씨는
> 아직 꺼지지 않았으니까.
> 응~ 다시 하면
> 그만이야~

數 자주 삭 | 懈 게으를 해 | 廢 폐할 폐
鑽 뚫을 찬 | 熱 더울 열 | 息 쉴 식 | 難 어려울 난 | 精 정할 정 | 進 나아갈 진

若行者之心數數懈廢,
譬如鑽火未熱而息, 雖欲得火,
火難可得. 是名精進.

과보는 소리 없이 찾아온다

방금 짜낸 우유가 금세 상하지 않듯,
잘못의 결과도 곧바로 드러나지 않는다.
그러나 재 속 불씨가 언젠가 불꽃을 일으키듯,
업보는 마치 그림자처럼 끝내 우리를 따른다.

惡不卽時, 如穀牛乳,
악 불 즉 시   여 곡 우 유

罪在陰伺, 如炭覆火.
죄 재 음 사   여 탄 복 화

법구경 악행품

> 선업코인, 악업코인
> 어디에 투자하시겠습니까?
> 당신의 업장코인.
> 언제 어디서 어떻게
> '떡상' 할지 모릅니다.

卽 곧 즉 | 穀 곡식 곡 | 乳 젖 유
罪 허물 죄 | 陰 그늘 음 | 伺 엿볼 사 | 炭 숯 탄 | 覆 덮을 복

年 月 日

오늘의 번뇌 지수

●●●●●

惡不卽時, 如穀牛乳,
罪在陰伺, 如炭覆火.

어찌하여 아직도 잠에 빠져 있는가

아아, 어찌하여 잠만 자느냐.
벌레와 달팽이, 조개와 좀벌레의 무리처럼
어두움 속에 숨어 불결함을 벗 삼고,
미혹에 빠져 그 더러운 껍데기를
자신이라 여기느냐.

咄哉何爲寐, 蜎螺蚌蠹類,
돌 재 하 위 매   옹 라 방 두 류

隱弊以不淨, 迷惑計爲身.
은 폐 이 부 정   미 혹 계 위 신

법구경 교학품

咄 꾸짖을 돌 | 何 어찌 하 | 寐 잘 매 | 蜎 매미 옹 | 螺 소라 라 | 蚌 조개 방 | 蠹 좀 두 | 類 무리 류
隱 숨을 은 | 弊 폐단 폐 | 淨 깨끗할 정 | 迷 미혹할 미 | 惑 미혹할 혹 | 計 셈할 계

4장. 응 수행정진하면 돼~

거북이는 느리지만 결코 멈추지 않아요.
깨달음에 닿는 길은 언제나 꾸준한 걸음뿐.
아래 점을 이어 단단한 마음의 거북이를 완성해 보세요.

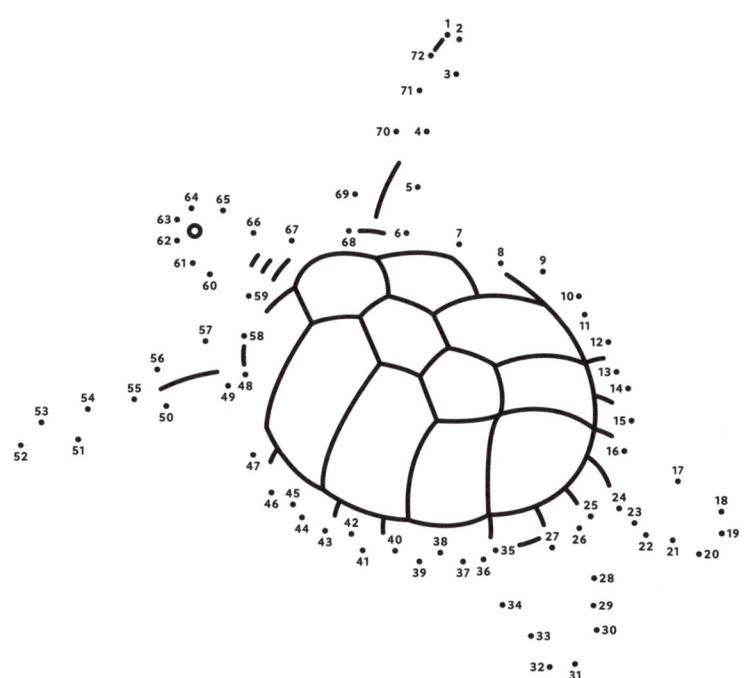

씨앗을 뿌려야 결실을 거둔다

곡식을 얻으려면 밭을 갈고 씨를 뿌려야 한다.
큰 부자가 되려면 재물을 나눌 줄 알아야 하고
장수하려면 마음을 나눌 줄 알아야 한다.
또한 지혜를 얻고자 한다면
배우고 물어볼 줄 알아야 한다.

법구비유경

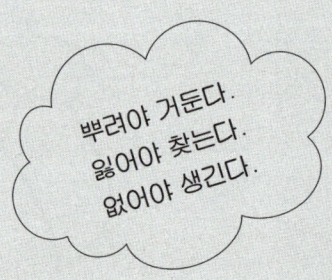

뿌려야 거둔다.
잃어야 찾는다.
없어야 생긴다.

번뇌는 빈틈 사이로 스며든다

허술한 지붕이 비를 막지 못하듯,
살피지 않은 마음엔 탐욕이 스며든다.
마음을 단단히 지키면, 욕망은 길을 잃는다.

蓋屋善密, 雨則不漏,
개 옥 선 밀　우 즉 불 루

攝意惟行, 淫泆不生.
섭 의 유 행　음 일 불 생

법구경 쌍요품

> 내면의 방수공사 잘하자.
> 잘 알아만 차리면
> 번뇌 누수 줄어든다.

蓋 덮을 개 | 屋 집 옥 | 密 빽빽할 밀 | 雨 비 우 | 則 곧 즉
攝 거둘 섭 | 惟 오직 유 | 淫 음란할 음 | 泆 방탕할 일

4장. 응 수행정진하면 돼~

年 月 日
오늘의 번뇌 지수
●●●●●

바를 정(正)으로 만든 우산

쏟아지는 탐욕의 비를 피하고 마음을 지키기 위해
'바를 정'을 새겨 넣어 우산을 촘촘히 채워봐요.

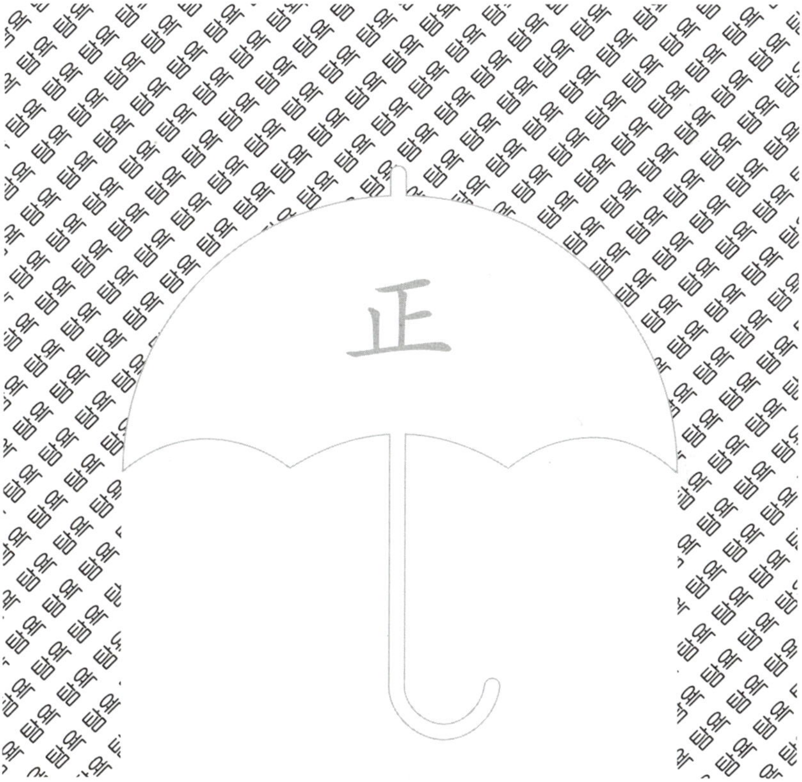

천천히 그러나 끝까지

지혜로운 사람은 서서히, 조용히,
그러나 한 걸음씩 나아간다.
마음의 때를 씻어 없애되,
장인이 금을 제련하듯 정성을 다한다.

慧人以漸, 安徐稍進,
혜 인 이 점　　안 서 초 진

洗除心垢, 如工鍊金.
세 제 심 구　　여 공 연 금

법구경 진구품

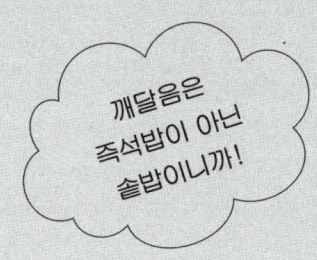

慧 슬기로울 혜 | 漸 점점 점 | 安 편안할 안 | 徐 느릴 서 | 稍 조금 초
洗 씻을 세 | 垢 때 구 | 工 장인 공 | 鍊 불릴 련

慧人以漸, 安徐稍進,
洗除心垢, 如工鍊金.

또록또록 깨어 있으라

마음이 언제나 또록또록 깨어 있고
낮이나 밤이나 부지런히 공부에 힘쓰면
번뇌가 없어지고 뜻이 풀려
열반을 이룩할 수 있으리라.

意常覺寤, 明慕勤學,
의 상 각 오   명 모 근 학

漏盡意解, 可致泥洹.
누 진 의 해   가 치 니 원

법구경 분노품

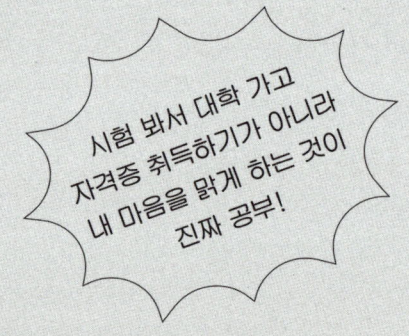

覺 깨달을 각 | 寤 깰 오 | 慕 그릴 모 | 勤 부지런할 근 | 學 배울 학
漏 샐 루 | 盡 다할 진 | 解 풀 해 | 致 이를 치 | 泥 진흙 니 | 洹 강 이름 원

손으로 하는 108배

꼭 절밥 먹고 새벽종 치러 가야만 수행이 아닙니다.
그리하야 공개하는 손으로 하는 108배 수행법!
"oTL" 하나가 곧 땅에 머리 조아린 절 한 번.
108번 쓰면 108배 완주. 무릎은 안 아프고, 번뇌는 로그아웃.

oTL oTL oTL oTL oTL oTL oTL oTL oTL oTL
oTL oTL oTL oTL oTL oTL oTL oTL oTL oTL
oTL oTL oTL oTL oTL oTL oTL oTL oTL oTL
oTL oTL oTL oTL oTL oTL oTL oTL oTL oTL
oTL oTL oTL oTL oTL oTL oTL oTL oTL oTL
oTL oTL oTL oTL oTL oTL oTL oTL oTL oTL
oTL oTL oTL oTL oTL oTL oTL oTL oTL oTL
oTL oTL oTL oTL oTL oTL oTL oTL oTL oTL
oTL oTL oTL oTL oTL oTL oTL oTL oTL oTL
oTL oTL oTL oTL oTL oTL oTL oTL oTL oTL

한 방울의 선이 세상을 채운다

작은 선이라 하여 업신여기지 말라,
그것이 복을 낳지 않는다고 생각하지 말라.
물방울이 작아도 그치지 않고 모이면
언젠가 큰 그릇을 가득 채우듯,
모든 복 또한 그렇게 쌓이니
한 줄기 미덕이 모여 마침내 가득해진다.

莫輕小善, 以爲無福.
막 경 소 선　이 위 무 복

水渧雖微, 漸盈大器,
수 적 수 미　점 영 대 기

凡福充滿, 從纖纖積.
범 복 충 만　종 섬 섬 적

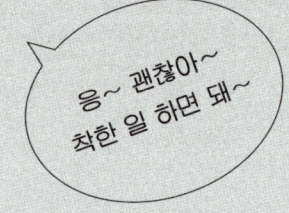

법구경 악행품

莫 없을 막 | 輕 가벼울 경 | 渧 물방울 적 | 微 작을 미 | 盈 찰 영
充 채울 충 | 纖 가늘 섬 | 積 쌓을 적

莫輕小善, 以爲無福.
水渧雖微, 漸盈大器,
凡福充滿, 從纖纖積.

108번 필사하면
단숨에 해결인데

고행, 쯤?

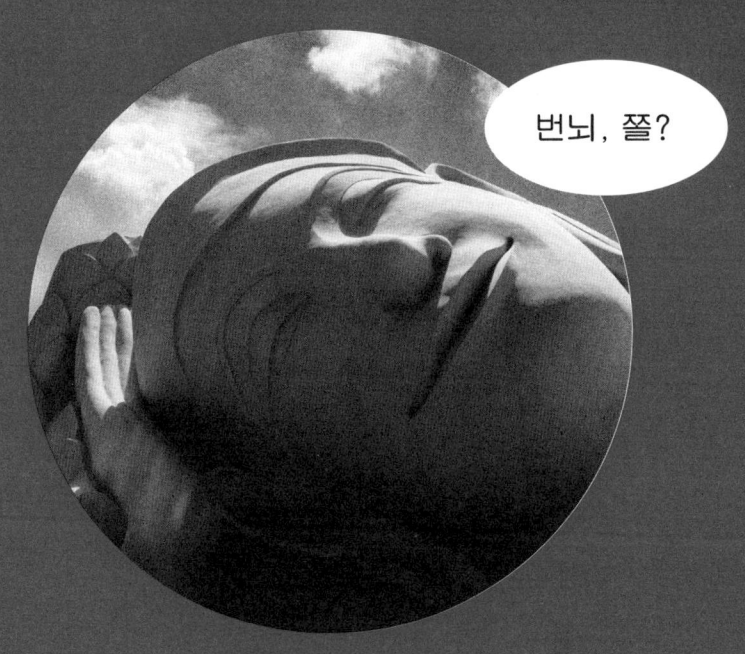

이래도 수행 안 해?
독하다 독해~

실수는 반복하지 않으면 빛이 된다

처음에는 잘못을 저질렀어도
다시 그 잘못을 범하지 않는다면,
곧 빛이 되어 세상을 밝힐 것이다.
구름을 헤쳐 어둠을 몰아내는 저 달처럼.

人前爲惡, 後止不犯,
인 전 위 악   후 지 불 범

是炤世間, 如月雲消.
시 조 세 간   여 월 운 소

법구경 방일품

> 뉘우치고 살아간다면
> 부처님은 언제나
> 까방권을 주신다는 뜻.
> (의역 있음)

前 앞 전 | 止 그칠 지 | 犯 범할 범 | 炤 빛날 조
月 달 월 | 雲 구름 운 | 消 사라질 소

부처님이 허락한 까방권

나는 비록 과거에 ＿＿＿＿＿ 적이 있었지만,
진심으로 반성합니다.

앞으로 ＿＿＿＿＿ 살기로 했으므로
부처님이 허락한 까방권을 수여받아
스스로를 용서하겠습니다.

발행인 부처님 (인)

진실은 마음에서 마음으로 흐른다

진실은 말로 전달되기보다는
마음과 마음이 서로 움직여서 이루어진다.
말은 인생의 옵션일 뿐
절대적인 수단이 아니다.

태현 스님, 『몸이 마음에게 묻는다』

무리 지어 악행을 하느니 혼자가 낫다

차라리 홀로 선을 행할지언정
어리석은 자와 벗하지 말라.
혼자서도 악은 행하지 말라.
놀란 코끼리가 스스로를 지키듯 하라.

寧獨行爲善, 不與愚爲侶,
녕 독 행 위 선   불 여 우 위 려

獨而不爲惡, 如象驚自護.
독 이 불 위 악   여 상 경 자 호

법구경 상유품

寧 편안할 녕 | 愚 어리석을 우 | 侶 짝 려 | 象 코끼리 상 | 驚 놀랄 경 | 自 스스로 자

寧獨行爲善, 不與愚爲侶,
獨而不爲惡, 如象驚自護.

실천이 없는 앎은 헛되다

들은 바를 행하지 않는 것은
물에 빠질까 두려워하다가
끝내 갈증으로 죽는 것과 같다.
많이 들은 이들 또한 이와 다르지 않다.

마치 어떤 사람이 큰 보시를 베풀어
갖가지 진귀한 음식을 차려놓았으나,
스스로 먹지 않아 굶어 죽는 것과 같으니.
많이 들어도 행하지 않으면 또한 이와 같다.

화엄경

분노를 다스려야 진정한 부자

참기 어려운 일을 참아내는 사람은 대인(大人)이고,
독한 욕설을 기쁜 마음으로 받아들이면서
상대방을 스승으로 삼는다면 지혜로운 사람이다.
분노는 인생의 보물을 훔쳐 가는 가장 큰 도둑이다.

유교경

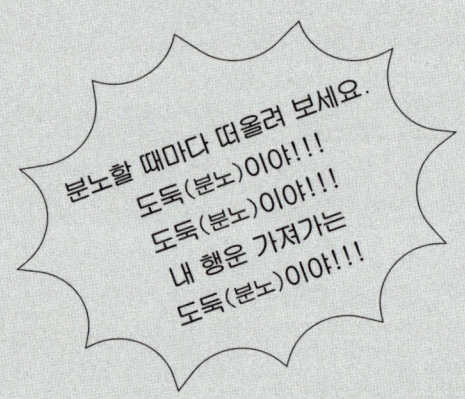

분노할 때마다 떠올려 보세요.
도둑(분노)이야!!!
도둑(분노)이야!!!
내 행운 가져가는
도둑(분노)이야!!!

年 月 日
오늘의 번뇌 지수

분노의 파도를 막는 참을 인(忍) 방파제

넘치는 분노의 파도에 인생의 보물들이 쓸려 가지 않도록
'참을 인'으로 높고 단단한 방파제를 채워보아요.

수용성의 번뇌를 씻어내자

더러움을 씻어내듯 번뇌도 씻자.
이 마음 맑아지니 평화로움뿐.
한 티끌 더러움도 없는 세상이
이 생을 살아가는 한 가지 소원.

옴 시리예바헤 사바하
옴 시리예바헤 사바하
옴 시리예바헤 사바하

거예진언

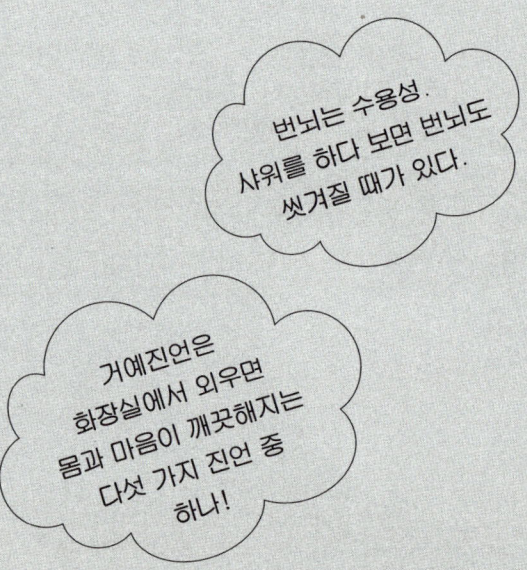

번뇌는 수용성.
샤워를 하다 보면 번뇌도
씻겨질 때가 있다.

거예진언은
화장실에서 외우면
몸과 마음이 깨끗해지는
다섯 가지 진언 중
하나!

탐욕에 미치면 원숭이처럼 날뛴다

마음을 음탕한 행위에 두면
욕정과 애착이 가지처럼 뻗는다.
사방으로 퍼져 타오르고,
탐욕의 열매를 좇는 원숭이처럼 날뛴다.

心放在婬行, 欲愛增枝條,
심 방 재 음 행　욕 애 증 지 조

分布生熾盛, 超躍貪果猴.
분 포 생 치 성　초 약 탐 과 후

법구경 애욕품

放 놓을 방 | 婬 음탕할 음 | 愛 사랑 애 | 增 더할 증 | 枝 가지 지 | 條 가지 조
分 나눌 분 | 布 펼 포 | 熾 성할 치 | 盛 번성할 성
超 뛰어넘을 초 | 躍 뛸 약 | 貪 탐할 탐 | 果 열매 과 | 猴 원숭이 후

年 月 日
오늘의 번뇌 지수
●●●●●

心放在婬行, 欲愛增枝條,
分布生熾盛, 超躍貪果猴.

진정한 향기는 바람조차 거스른다

기이한 풀과 향기로운 꽃은
바람을 거슬러 향을 피울 수 없지만,
바른 길 가까이에서 피어난 꽃은
덕 있는 사람 곁에서 내내 향기롭다.

奇草芳花, 不逆風熏,
기 초 방 화　불 역 풍 훈

近道敷開, 德人逼香.
근 도 부 개　덕 인 핍 향

법구경 화향품

年 月 日

오늘의 번뇌 지수

●●●●●

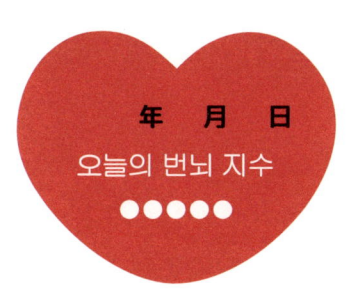

奇	草	芳	花
기이할 기	풀 초	향기 방	꽃 화
不	逆	風	熏
아니 불	거스를 역	바람 풍	향기 훈
近	道	敷	開
가까울 근	길 도	펼 부	열 개
德	人	逼	香
덕 덕	사람 인	핍박할 핍	향기 향

평범한 일상이 가장 큰 행복

가족을 사랑하고 아끼며 평온한 일상을 보내는 것,
이것이 더할 나위 없는 행복이다.

형편에 따라 남을 도우며 올바르게 사는 것,
이것이 더할 나위 없는 행복이다.

주변을 아끼며 비난받을 행동을 하지 않는 것,
이것이 더할 나위 없는 행복이다.

숫타니파타

반야심경진언(般若心經眞言)

직역하면 "가라, 더 멀리 가라, 완전한 깨달음에 이르라"는 뜻.
이 진언을 쓸 때마다, 당신은 조금 더 나아갑니다.
멈추지 말고, 손끝으로 계속 수행을 정진하세요.

가테 가테 파라가테
파라삼가테 보디 사바하

가테 가테 파라가테
파라삼가테 보디 사바하

가테 가테 파라가테
파라삼가테 보디 사바하

수인, 부처님이 보내는 수신호 해독ZIP

불상을 보면 손 모양이 저마다 다른 걸 알 수 있어요. 이 손 모양을 '수인'이라고 불러요. 수인은 단순한 제스처가 아니라, 부처님의 가르침과 메시지를 손으로 표현한 상징 언어예요. 같은 부처님이라도 어떤 수인을 취하고 있느냐에 따라 전하는 메시지가 달라지죠. 수인을 알면 불상이 우리에게 건네는 말을 조금 더 선명하게 들을 수 있어요.

선정인 禪定印

고요 속에 답이 있어

두 손을 배 앞에서 포개고 엄지손가락 끝을 가볍게 맞댄 모양이에요. 석가모니가 보리수나무 아래서 깨달음을 얻기 직전 이 자세로 앉아 있었다고 해요. 깊은 명상과 고요한 집중 속에서 진리를 찾는 순간을 담고 있어요.

항마촉지인 降魔觸地印

흔들리지 않는 평안함

결가부좌한 채 오른손을 무릎 위에 내려놓고 손가락 끝으로 땅을 가리키는 모양이에요. 석가모니가 깨달음을 얻기 직전, 악마의 유혹을 물리치며 "땅이 내 증인이다"라고 말한 그 순간을 형상화한 거예요. 흔들리지 않는 확신을 보여주는 수인이죠.

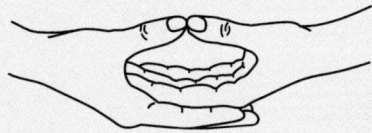

전법륜인 轉法輪印

이제 내 깨달음을 나눠드리리

두 손을 가슴 높이에서 마주하고, 양손의 엄지와 검지로 각각 원을 만들어 연결한 모양이에요. 이 원이 바퀴를 상징하는데, 부처님의 가르침이 수레바퀴처럼 굴러가며 세상에 퍼진다는 의미를 담고 있어요. 석가모니가 처음 설법할 때 취한 손 모양이에요.

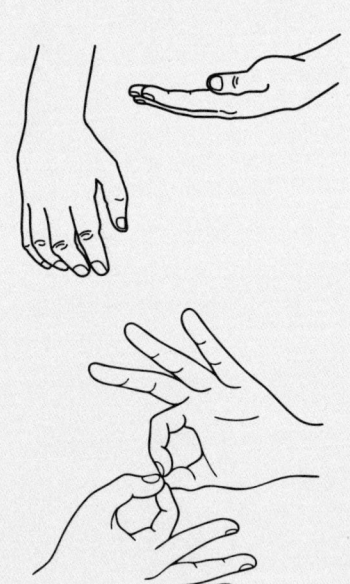

시무외인 施無畏印

괜찮다, 두려워하지 마

오른손을 어깨 높이로 들어 올리고 손바닥을 밖으로 향하게 펼친 모양이에요. 중생의 두려움과 불안을 없애주겠다는 부처님의 약속이 담겨 있죠. 위엄 있으면서도 온화한 느낌을 동시에 주는 수인이에요.

여원인 與願印

네 바람을 들어줄게

손을 아래로 내리고 손바닥을 밖으로 향하게 펼친 모양이에요. 마치 누군가에게 무언가를 건네주려는 듯한 자세죠. 중생의 소원을 들어주고 복을 베풀겠다는 자비의 마음을 표현한 것이에요.

미타정인 彌陀定印

여기가 바로 평안이야

두 손을 배 앞에서 포개고 두 엄지손가락을 붙인 선정인에서 검지를 동그랗게 말아 엄지와 붙인 모양이에요. 손안에 생기는 작은 공간은 광명을 상징한다고 해요. 아미타불이 극락정토에서 중생을 맞이할 때 취하는 아홉 개의 수인 중 하나로 완전한 평화와 구원의 약속을 상징해요.

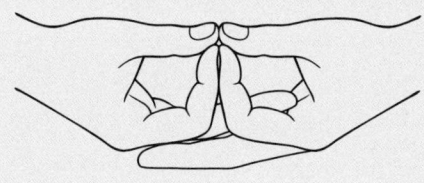

지권인 智拳印

결국 우리는 모두 하나

왼손 검지를 세우고, 오른손으로 그 검지를 감싸 쥔 모양이에요. 검지는 중생의 무지를, 그것을 감싼 주먹은 부처님의 지혜를 상징해요. 비로자나불의 대표 수인으로, 우주의 진리를 온전히 깨달았다는 의미를 지니고 있어요.

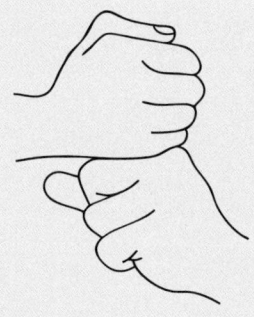

5장
그냥 존재하는 님들아

흔들리지 말고 홀로 나아가라

소리에 놀라지 않는 사자처럼
그물에 걸리지 않는 바람처럼
흙탕물에 더럽혀지지 않는 연꽃처럼
무소의 뿔처럼 혼자서 가라.

숫타니파타

> 이 말은
> 고독하게 살라는 뜻이 아니라
> 집착, 애정, 기대에서 벗어나
> 주체적으로 자기 길을 꿋꿋하게
> 가라는 의미에 가깝다!

어쩌라고 선언문

숫타니파타의 구절을 다른 말로 하면 이런 것이다.
'어쩌라고, 난 나만의 길을 간다.' 즉, '어난나길' 정신이라고 할 수 있겠다.
지금까지 하고 싶은 게 있어도 눈치 보느라 주춤했던 당신.
어쩌라고 선언문을 쓰면서 '어난나길' 정신을 길러보자.

예) 나 배고픈데 어쩌라고, 나 눈치 안 볼 건데 어쩌라고.

어쩌라고

나 _____ 어쩌라고
나 _____ 어쩌라고
나 _____ 어쩌라고

어쩔?
어쩔부처님

허깨비 같은 삶에 즐거움이 있을까

세상 만물은 거품 같고, 마음은 아지랑이 같다.
삶이 허깨비 같은데, 여기에 어찌 즐거움 있으랴.

萬物如泡, 意如野馬,
만 물 여 포   의 여 야 마

居世若幻, 奈何樂此.
거 세 약 환   내 하 락 차

법구경 세속품

年 月 日
오늘의 번뇌 지수

萬	物	如	泡
일만 만	물건 물	같을 여	거품 포

意	如	野	馬
뜻 의	같을 여	들 야	말 마

居	世	若	幻
살 거	세상 세	같을 약	헛보일 환

奈	何	樂	此
어찌 내	어찌 하	즐길 락	이 차

지나간 강물은 돌아오지 않는다

급히 흐르는 강물이 한번 가면 다시 돌아오지 않듯,
사람 목숨도 그러하여, 한번 가면 돌아오지 않는다.

如河駛流, 往而不返,
여 하 사 류   왕 이 불 반

人命如是, 逝者不還.
인 명 여 시   서 자 불 환

법구경 무상품

駛 달릴 사 | 流 흐를 류 | 往 갈 왕 | 返 돌이킬 반
命 목숨 명 | 逝 갈 서

如河駛流, 往而不返,
人命如是, 逝者不還.

꿈을 대하듯 세상을 대하라

이 세상의 모든 인연 따라 지어진 법은
꿈 같고 환영 같고 거품 같고 그림자 같으며
이슬 같고 번개 같으니
마땅히 세상을 이와 같이 대하라.

一切有爲法, 如夢, 幻, 泡, 影,
일 체 유 위 법　　여 몽　환　포　영

如露亦如電, 應作如是觀.
여 로 역 여 전　　응 작 여 시 관

금강경

> 그냥 존재하는 님들아
> 오늘도 인생에
> 어떤 의미 부여를 하지 마시고
> 그냥 살면서
> 즐건 하루 보내세여

세상 모든 건 결국 다 지나가기 마련이지요.
지금의 고통과 걱정도 점차 희미해질 거예요.
아래 문장을 따라 쓰며 점차 사라질 것들을 떠올려 보아요.

모든 건 결국 지나간다
모든 건 결국 지나간
모든 건 결국 지나
모든 건 결국 지
모든 건 결국
모든 건 결
모든 건
모든
모

탐욕의 괴로움은 끝이 없으니

생사는 고달프고 오고 감은 험난하니
몸에 기대어 탐착하면 괴로움에 끝이 없다.

生死無聊, 往來艱難,
생 사 무 료 왕 래 간 난

意猗貪身, 生苦無端.
의 의 탐 신 생 고 무 단

법구경 노모품

年 月 日

오늘의 번뇌 지수

●●●●●

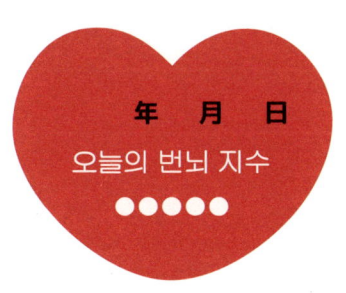

生	死	無	聊
날 생	죽을 사	없을 무	귀 울릴 료
往	來	艱	難
갈 왕	올 래	어려울 간	어려울 난
意	猗	貪	身
뜻 의	기댈 의	탐할 탐	몸 신
生	苦	無	端
날 생	쓸 고	없을 무	끝 단

착한 말이 길을 밝힌다

듣기 싫은 말은 하지를 말고
항상 과보를 두려워해야 한다.
악이 가고 나면 화가 돌아오니
매질이 자기 몸을 향하게 된다.

종소리가 세상을 울리듯이
항상 착한 말을 입에 담으면
입방아에서 자유로워지고
세상을 살아가기 쉬워지리라.

법구경 도장품

부처와 우리는 다르지 않다

과거의 모든 여래도,
금강처럼 견고한 몸이었으나,
역시 무상으로 스러졌으니
지금의 내가 어찌 다르겠는가.

過去諸如來, 金剛不壞身,
과 거 제 여 래   금 강 불 괴 신

亦爲無常遷, 今我豈獨異.
역 위 무 상 천   금 아 기 독 이

열반경

過 지날 과 | 去 갈 거 | 諸 모두 제 | 如 같을 여 | 來 올 래 | 金 쇠 금 | 剛 굳셀 강 | 壞 무너질 괴
常 항상 상 | 遷 옮길 천 | 今 이제 금 | 我 나 아 | 豈 어찌 기 | 獨 홀로 독 | 異 다를 이

過去諸如來, 金剛不壞身,
亦爲無常遷, 今我豈獨異.

죽음은 내일을 기다리지 않는다

오늘 당장 해야 하는 일들을 열심히 하라.
누가 알겠는가? 내일 나에게 죽음이 찾아올지.
죽음의 군대가 우리를 찾아온다면
우리는 결코 그들과 흥정조차 할 수 없을 것이다.

맛지마 니까야

부처 ♥ YOU

부처님의 사랑을 볼 수 있나요

쓰다 보면 극락 왕생 할 수 있어

극락도 락이다

극락이 락이 아니면
대체 뭐가 락인데

생각은 그저 아지랑이에 불과하다

겉으로 드러나는 모든 생각은
더운 날의 아지랑이처럼 덧없고,
세상의 모든 물질은
꿈속 허상과도 같다.

一切性顯現, 如畫熱時炎,
일 체 성 현 현　　여 화 열 시 염

種種衆色現, 如夢無所有.
종 종 중 색 현　　여 몽 무 소 유

능가경

性 성품 성 | 顯 나타날 현 | 畫 그림 화 | 熱 더울 열 | 時 때 시
炎 불꽃 염 | 種 씨 종 | 衆 무리 중 | 色 빛 색 | 所 바 소 | 有 있을 유

一切性顯現, 如畫熱時炎,
種種眾色現, 如夢無所有.

몸이 무너지면 다음은 정신이다

정신은 몸에 깃드니
새가 그릇 속에 숨어 있는 것 같고,
그릇이 깨지면 새가 날아가듯
몸이 무너지면 정신은 다른 생으로 간다.

精神居形軀, 猶雀藏器中,
정 신 거 형 구   유 작 장 기 중

器破雀飛去, 身壞神逝生.
기 파 작 비 거   신 괴 신 서 생

법구경 생사품

精 정할 정 | 神 귀신 신 | 居 살 거 | 形 형상 형 | 軀 몸 구 | 猶 오히려 유 | 雀 참새 작
藏 감출 장 | 器 그릇 기 | 破 깨질 파 | 飛 날 비 | 去 갈 거 | 壞 무너질 괴 | 逝 갈 서

精神居形軀, 猶雀藏器中,
器破雀飛去, 身壞神逝生.

입을 지켜야 마음이 고요하다

항상 그 말을 삼가고 지키며
성내는 마음을 잘 단속하라.
입으로 짓는 나쁜 말 없애고
항상 법의 말씀 외워 익혀라

常守愼言, 以護瞋恚,
상 수 신 언   이 호 진 에

除口惡言, 誦習法言.
제 구 악 언   송 습 법 언

법구경 분노품

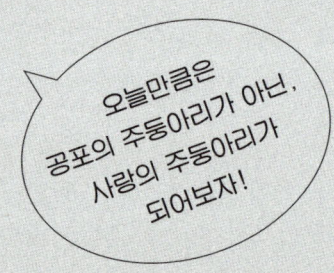

오늘만큼은 공포의 주둥아리가 아닌, 사랑의 주둥아리가 되어보자!

年 月 日

오늘의 번뇌 지수

●●●●●

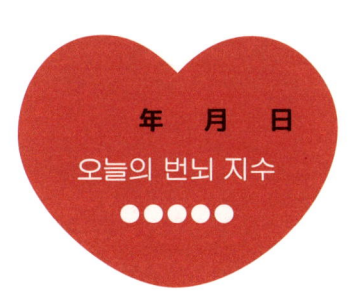

常	守	愼	言
항상 상	지킬 수	삼갈 신	말씀 언
以	護	瞋	恚
써 이	보호할 호	부릅뜰 진	성낼 에
除	口	惡	言
덜 제	입 구	악할 악	말씀 언
誦	習	法	言
익힐 송	익힐 습	법 법	말씀 언

나를 구하는 건 결국 나 자신

부지런히 자신의 마음을 알아차리면
고통의 수렁에 빠진 자신을 구할 수 있을 것이다.
진흙에 빠진 코끼리가 자신을 끌어내듯이.

樂不放逸, 守攝其心,
낙 불 방 일   수 섭 기 심

能拔惡源, 如象出壙.
능 발 악 원   여 상 출 광

법구경

부처님의 탄생을 예고한 꿈속의 흰 코끼리.
모든 것은 변하지만, 마음의 힘은 사라지지 않아요.
아래 점을 이어 평화롭게 걷는 코끼리를 만나보세요

계속 쥐면 손만 아프다

　엄양 존자가 조주 스님에게 와서 물었다.
"아무것도 가져오지 않았습니다. 어찌해야 합니까?"
　이에 조주 스님이 답했다.
"내려놓으시게(放下着)."
　다시 엄양 존자가 물었다.
"하나도 가져오지 않았는데 무엇을 내려놓습니까?"
　조주 스님이 말했다.
"그럼 계속 지고 다니시게(擔取去)."
　엄양 존자는 큰 깨달음을 얻고 물러갔다.

조주록

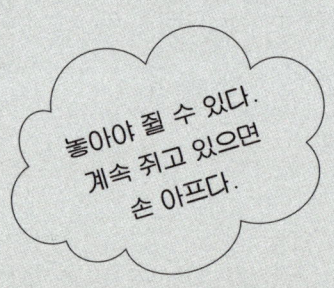

놓아야 쥘 수 있다.
계속 쥐고 있으면
손 아프다.

'방하착' 따라 쓰고 놓아주기

놓을 방(放), 아래 하(下), 붙을 착(着), 합해서 방하착!
중국 고승들의 대화는 우리가 겪는 대부분의 문제가
그것을 잡고 놓아주지 않아서 생긴다는 진실을 알려주죠.
아래 세 글자를 따라 쓰고 시원하게 놓아줍시다. 그게 무엇이든.

사라짐을 보아야 깨달음을 얻는다

모든 존재는 끊임없이 변화하며
생겨난 것은 반드시 사라진다.
생겨나고 사라짐을 바로 보는 고요한 내 마음에
깨달음의 즐거움이 항상 함께한다.

諸行無常, 是生滅法,
제 행 무 상   시 생 멸 법

生滅滅已, 寂滅爲樂.
생 멸 멸 이   적 멸 위 락

열반경

> 이 깨달음이 얼마나 유명하면
> 21세기에 엄청 유명한 게송도 있음
>
> 영원한 건 절대 없어 (제행무상)
> 결국에 넌 변했지 (시생멸법)
> G-DRAGON 선생의 '삐딱하게 中'

年 月 日

오늘의 번뇌 지수

●●●●●

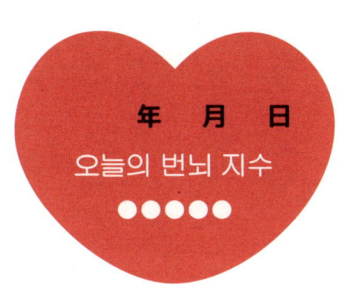

諸	行	無	常
모두 제	행할 행	없을 무	항상 상
是	生	滅	法
이 시	날 생	다할 멸	법 법
生	滅	滅	已
날 생	다할 멸	다할 멸	이미 이
寂	滅	爲	樂
고요할 적	다할 멸	위할 위	즐길 락

무상은 누구에게나 공평하다

과거와 미래, 그리고 지금 현재에도,
무상으로 돌아가지 않는 중생은 없다.

過去與未來, 及以今現在,
과 거 여 미 래   급 이 금 현 재

無有諸衆生, 不歸無常者.
무 유 제 중 생   불 귀 무 상 자

열반경

與 더불 여 | 及 미칠 급 | 現 나타날 현 | 在 있을 재

過去與未來, 及以今現在,
無有諸衆生, 不歸無常者.

숨과 숨 사이에 삶이 있다

부처님이 여러 사문에게 물었다.
"사람의 목숨은 어느 사이에 있는가?"
한 사문이 대답했다.
"며칠 사이에 있습니다."
부처님이 말했다.
"그대는 아직 도를 모른다."
다른 사문이 답했다.
"한 끼 사이에 있습니다."
다시 부처님이 말했다.
"그대는 아직 도를 모른다."
또 다른 사문이 답했다.
"숨과 숨 사이에 있습니다."
이에 부처님이 말했다.
"훌륭하다! 그대는 도를 아는 사람이다."

사십이장경

> 그래,
> 숨 안 쉬면 죽잖아.
> 매번 쉬고 있는 이 '숨'이
> 우리가 살아 있다는
> 증거.

숨과 숨 사이를 느끼는 명상하기

우리도 호흡과 호흡 사이에 있는 생명을 느껴보자고요.
아래 QR 코드를 스캔하여 영상 속 안내에 따라
편안한 자세로 5분간 명상하며 호흡을 관찰해 보아요.

의심의 그물을 피해 비상하라

기러기가 무리를 이끌어 그물을 피해 높이 날듯
지혜로운 이는 세상을 인도하여,
모든 이와 함께 깨달음의 길을 걷는다.

如鴈將群, 避羅高翔,
여 안 장 군   피 라 고 상

明人導世, 度脫邪衆.
명 인 도 세   도 탈 사 중

법구경 세속품

年 月 日

오늘의 번뇌 지수

●●●●●

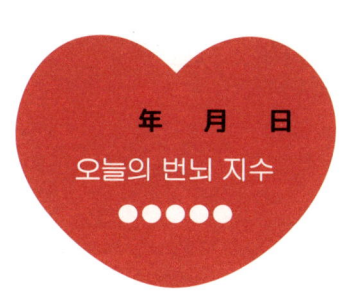

如	鴈	將	群
같을 여	기러기 안	장수 장	무리 군
避	羅	高	翔
피할 피	그물 라	높을 고	날 상
明	人	導	世
밝을 명	사람 인	인도할 도	세상 세
度	脫	邪	衆
법도 도	벗을 탈	간사할 사	무리 중

속박은 마음이 시킨다

그대를 묶은 사람이 없는데
그대는 무엇에서 벗어나려 하는가?

경덕전등록

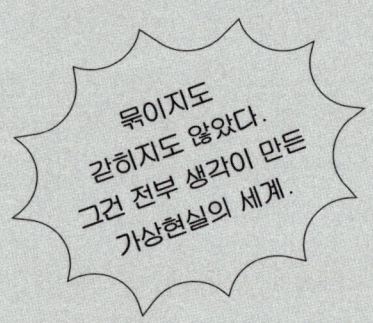

관세음보살 멸업장진언(觀世音菩薩 滅業障眞言)

관세음보살의 이름으로 업장의 찌꺼기를 씻어내는 진언.
여기서 '업장'은 과거가 남긴 심리적 흔적과 반응을 말해요.
이 진언을 읽으며 따라 쓰면 굳어 있던 마음이 천천히 풀어질걸요?

옴 아로늑계 사바하

옴 아로늑계 사바하

옴 아로늑계 사바하

우리 생활 속의 불교 용어

우리가 일상에서 무심코 쓰는 말 중에는 불교에서 온 것이 많아요. 어떤 단어는 원래 의미를 그대로 간직하고 있고, 어떤 단어는 전혀 다른 의미로 쓰이지요. 말 속에 숨어 있는 불교의 흔적을 찾아보면, 우리 언어와 문화에 불교가 얼마나 깊이 스며들었는지 알 수 있어요.

각오(覺悟) 깨달음을 깨친다는 뜻으로 미혹에서 벗어나 진리를 구하는 것을 의미했어요. 부처가 된다는 것 자체가 각오, 즉 깨달음이었죠. 지금은 어떤 일을 하기로 마음을 단단히 먹는다는 의미로, 종교적 깨달음보다는 심리적 결심을 의미해요.

건달(乾達) 불교에서 음악을 담당하는 건달바(gandharva)라는 신에서 유래한 말이에요. 하늘을 떠돌며 향기를 먹고 산다고 해서, 일정한 거처 없이 떠도는 존재를 의미했죠. 지금은 일정한 직업 없이 빈둥거리는 사람을 낮춰 부르는 말이 됐어요.

나락(奈落) 산스크리트어 '나라카(naraka)'에서 온 말로, 지옥이나 가장 낮고 어두운 곳을 의미했어요. 고통과 괴로움이 끝없는 최악의 상태를 나타냈죠. 지금도 헤어 나올 수 없는 최악의 상황을 말할 때 사용해요.

다반사(茶飯事) 차 마시고 밥 먹는 일이라는 뜻으로, 수행자의 일상적인 생활을 가리켰어요. 특별할 것 없이 매일 반복되는 평범한 일이었죠. 지금도 같은 의미로, 늘 있는 일, 예사로운 일을 말할 때 써요.

대중(大衆) 사찰에서 함께 생활하며 수행하는 공동체 집단을 일컫는 말이었어요. 이제는 그 의미가 확장되어서 일반 사람들, 많은 사람들이란 의미로 쓰여요.

말세(末世) 부처님의 가르침이 쇠퇴하고 사라지는 시대, 말법(末法)의 시대를 뜻했어요. 정법(正法), 상법(像法)을 거쳐 마지막에 오는 어두운 시기였죠. 지금도 비슷하게 세상이 어지럽고 도덕이 무너진 혼란한 시대를 말할 때 사용해요.

망상(妄想) 진리를 보지 못하고 헛된 생각에 사로잡혀 있는 상태를 말했어요. 실체 없는 것을 실체라고 착각하는 어리석음이었죠. 지금도 근거 없는 헛된 생각을 뜻하지만, 조금 더 가벼운 의미로 사용돼요.

무심(無心) 번뇌와 집착이 없는 맑고 깨끗한 마음을 뜻했어요. 아무것도 마음에 두지 않는 자유로운 경지였죠. 지금은 관심이나 의도가 없다는 의미로, 때로는 무관심하다는 부정적 뉘앙스로도 쓰여요.

무진장(無盡藏) 끝이 없는 보물창고라는 뜻으로, 부처님의 공덕이나 지혜가 다함이 없이 무한하다는 의미였어요. 아무리 꺼내 써도 줄어들지 않는 진리의 보고였죠. 지금은 매우

많거나 엄청나다는 뜻의 부사나 명사로 쓰여요.

세계(世界) 시간(世)과 공간(界)을 합친 말로, 시공간 전체를 가리켰어요. 불교에서는 우주 전체나 각각의 세상을 뜻했죠. 지금은 지구 전체나 특정한 영역을 가리키는 일반적인 단어가 됐어요.

소식(消息) 사라지고(消) 숨쉬는(息) 생멸의 움직임을 뜻하는 용어로 사물의 변화와 무상을 설명하는 개념이었어요. 지금은 누군가의 소문, 안부, 연락을 의미하죠.

신앙(信仰) 믿고 우러러 받든다는 뜻으로, 부처님과 그 가르침을 깊이 믿고 따르는 것을 의미했어요. 불교 수행의 출발이 되는 마음가짐이었죠. 지금은 불교뿐 아니라 모든 종교에서 신이나 절대자를 믿고 따르는 행위를 널리 가리키는 말이에요.

아수라장(阿修羅場) 싸움을 좋아하는 '아수라'라는 신과 같은 존재들이 늘 싸움을 벌이는 장소를 뜻했어요. 끊임없이 싸우고 다투는 피비린내 나는 전장이었죠. 지금도 매우 혼란스럽고 난장판인 상황을 표현할 때 써요.

이판사판(理判事判) 조선시대 승려 조직이 이판(교리 연구)과 사판(사찰 운영)으로 나뉘어 있던 데서 유래했어요. 지금은 이것 아니면 저것, 죽기 아니면 살기라는 극단적인 선택의 상황을 나타내는 말이 됐어요.

인연(因緣) 모든 것은 원인(因)과 조건(緣)이 만나서 생긴다는 불교의 핵심 원리였어요. 연기법을 설명하는 중요한 개념이었죠. 지금은 주로 사람들 사이의 만남이나 관계, 특히 운명적인 만남을 뜻하는 말로 쓰여요.

자유(自由) 번뇌, 집착, 욕망에서 벗어난 해탈의 경지라는 의미로 일부 경전에서는 해탈을 '대자유'라고도 표현했죠. 현재는 외부 제약 없이 선택하고 행동하는 상태를 뜻해요.

점심(點心) 마음에 점을 찍는다는 뜻으로, 수행 중 출출할 때 마음을 달래려고 가볍게 먹는 요기를 말했어요. 정식 식사가 아닌 간단한 음식이었죠. 지금은 아침과 저녁 사이에 먹는 낮 식사를 가리키는 말로 사용돼요.

주인공(主人公) 원래 선불교에서 자신의 본래 모습, 진정한 자아를 가리키는 말이었어요. 번뇌에 가려지지 않은 본성을 의미했죠. 그런데 지금은 이야기나 사건의 중심이 되는 인물을 뜻하는 말로 바뀌었어요.

지식(知識) 지금은 사람이 아니라 알고 있는 것, 배우고 익힌 정보 자체를 뜻하지만, 본래는 그 모습과 의미를 잘 아는 상대, 즉 '친구'를 가리키는 말이었어요. 세상을 올바르게 이끄는 친구는 선지식, 그러지 못한 친구는 악지식이라고 불렀어요.

차별(差別) 사물과 현상의 구별, 다름을 가리키는 중립적인 말이었어요. 있는 그대로의 다양성을 인정하는 의미가 담겼죠. 하지만 지금은 서로 구별지어 부당하게 대우한다는 의미로만 쓰여요.

찰나(刹那) 산스크리트어 '크샤나(kṣana)'에서 온 말로, 가장 짧은 시간 단위를 의미했어요. 손가락을 한 번 튕기는 동안 65찰나가 있다고 할 정도로 극히 짧은 순간이었죠. 지금도 매우 짧은 순간을 말할 때 사용해요.

출세(出世) 속세를 벗어난다는 뜻으로, 세상을 초월한 깨달음의 경지를 말했어요. 부처님이 세상에 나타나는 것도 출세라고 불렀죠. 그런데 지금은 정반대로, 속세에서 사회적으로 성공하여 높은 지위에 오르는 걸 뜻하게 됐어요.

6장

그건 제 허상입니다만

등불을 구하지 않으면 어둠에 갇힌다

무엇에 기뻐하고 무엇에 웃을까,
목숨은 항상 타오르고 있거늘,
깊이 가려진 어두운 곳에서,
등불을 구하지 않는구나.

何喜何笑, 命常熾然,
하 희 하 소　　명 상 치 연

深弊幽冥, 如不求錠.
심 폐 유 명　　여 불 구 정

법구경 노모품

喜 기쁠 희 | 笑 웃을 소 | 熾 성할 치 | 深 깊을 심 | 幽 그윽할 유 | 冥 어두울 명
求 구할 구 | 錠 쇠고리 정

번뇌 멈춰 ✕ 업장 소멸

관점 교정 처방전

나는 나에게만 너무 몰두한 나머지
내 생각과 느낌에 너무 갇혀 있었다.

그것이 한계를 만들고 생각의 자유를 앗아갔으니,
아래 처방전을 따라 쓰고 읽어
악견을 물리치기로 한다.

·············· 처방전 ··············

- 이 세상에 당연한 일은 없지.
- 세상에 존재하는 것만으로도 완벽해.
- 그럴 수도 있지, 그런 사람인가 보다.

처방자 부처님 (인)

좋아도 선을 지켜야 하는 이유

사람들을 너무 좋아하고
여러 사람과 함께하는 것을 즐기는 사람은
반드시 사람 때문에 곤란한 일을 당하게 되어 있다.
큰 나무에 새가 많이 모여들면 나무가 말라 죽거나
가지가 부러지는 것과 같은 이치다.

유교경

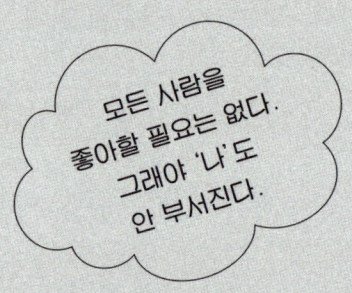

모든 사람을 좋아할 필요는 없다.
그래야 '나'도 안 부서진다.

작은 빛에도 눈을 떠야 한다

어리석음의 어둠에 눈이 가려져
한 치 앞의 세상조차 알 수 없으나
만일 작은 빛에도 스스로 눈을 뜬다면
그 사람은 세상을 밝히는 빛이 되리라.

世俗無眼, 莫見道眞,
세 속 무 안　　막 견 도 진

如少見明, 當養善意.
여 소 견 명　　당 양 선 의

법구경 세속품

> 틈새의 빛,
> 바늘구멍의 빛만 보고도
> 그것을 희망이라고 여기는 사람은
> 마음속의 돋보기로 그 빛을
> 무한히 확장시키지.

年 月 日

오늘의 번뇌 지수

●●●●●

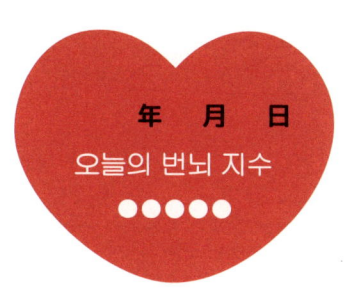

世	俗	無	眼
세상 세	통속 속	없을 무	눈 안
莫	見	道	眞
없을 막	볼 견	길 도	참 진
如	少	見	明
같을 여	적을 소	볼 견	밝을 명
當	養	善	意
마땅할 당	기를 양	착할 선	뜻 의

94일차

때로는 아는 것이 집착이 된다

스승의 가르침이란 강을 건너는 뗏목과 같다.
건너고 나면 그 뗏목마저 내려놓아야 한다.
스승의 가르침에도 집착하지 말아야 하거늘,
하물며 그것이 아닌 일에 집착해서 되겠는가.

以是義故, 如來常說,
이 시 의 고　　여 래 상 설

汝等比丘, 知我說法, 如筏喩者.
여 등 비 구　　지 아 설 법　　여 벌 유 자

法尙應捨, 何況非法.
법 상 응 사　　하 황 비 법

금강경

> 아무리 나한테
> 도움이 되었던 뗏목이라도
> 육지에서 들고 다니면
> 짐이 되는 법.

汝 너 여 | 等 무리 등 | 比 견줄 비 | 丘 언덕 구
筏 뗏목 벌 | 喩 비유할 유 | 況 하물며 황

以是義故, 如來常說,
汝等比丘, 知我說法, 如筏喩者.
法尙應捨, 何況非法.

미움은 스스로를 먼저 해친다

미움은 먼저 내 마음을 해치고
그다음에는 남도 해치니.
남을 향한 공격은 곧 나를 향한 공격,
이것은 피할 수 없는 일이다.

嫉先創己, 然後創人,
질 선 창 기   연 후 창 인

擊人得擊, 是不得除.
격 인 득 격   시 불 득 제

법구경 이양품

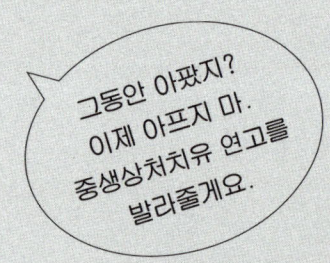

年 月 日

오늘의 번뇌 지수

●●●●●

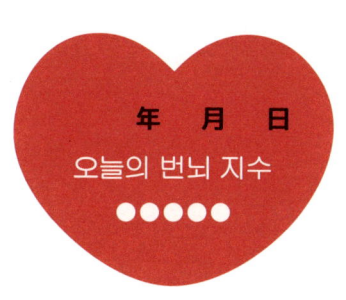

嫉	先	創	己
시기할 질	먼저 선	상처 창	자기 기
然	後	創	人
그럴 연	뒤 후	상처 창	사람 인
擊	人	得	擊
칠 격	사람 인	얻을 득	칠 격
是	不	得	除
이 시	아니 불	얻을 득	덜 제

탐욕의 녹이 마음을 좀먹는다

나쁜 마음이 일어나면
도리어 제 몸을 무너뜨리니.
마치 쇠에 녹이 슬어서,
도리어 제 몸을 먹는 것과 같다.

惡生於心, 還自壞形,
악 생 어 심   환 자 괴 형

如鐵生垢, 反食其身.
여 철 생 구   반 식 기 신

법구경 진구품

鐵 쇠 철 | 反 돌이킬 반

6장. 그건 제 허상입니다만

惡生於心, 還自壞形,
如鐵生垢, 反食其身.

몸은 믿을 만한 그릇이 아니다

늙으면 이 몸뚱이 쇠해지고
병들면 광택마저 없어지며
가죽은 늘어지고 살은 줄어들어
이 목숨 죽음을 재촉한다.

몸이 죽으면 정신도 따르나니
내버린 수레를 모는 것 같다.
살이 삭아버리면 뼈도 흩어지니
그런 몸을 어떻게 믿을 것인가.

법구경 노모품

> 오늘도 거울을 보며
> 그게 진짜라고
> 여기진 않았니?

가식은 미친 사람의 행동이다

착하지 않으면서 착한 척하고
애욕이 있으면서 없는 척하며
괴로우면서 즐거운 척하는 일은
미친 사람이나 하는 일이니 멀리해야 한다.

不善像如善, 愛如似無愛,
불 선 상 여 선   애 여 상 무 애

以苦爲樂像, 狂夫爲所厭.
이 고 위 락 상   광 부 위 소 염

법구경 세속품

> 2500년 후의 인터넷까지
> 미리 내다본 붓다 행님.
> 우린 모두 미쳤어!
> 미쳤지만 사랑해!

像 모양 상 | 似 같을 사 | 狂 미칠 광 | 夫 사내 부 | 厭 싫어할 염

6장. 그건 제 허상입니다만

不善像如善, 愛如似無愛,
以苦爲樂像, 狂夫爲所厭.

말없이 향기 나는 마음

성내지 않는 얼굴이 참다운 공양의 도구요,
성내지 않는 입안에서 미묘한 향이 퍼지고,
성내지 않는 깨끗한 마음이 참된 보배이니,
때묻지 않는 그것이 곧 부처님 마음이다.

面上無嗔供養具, 口裡無嗔吐妙香,
면 상 무 진 공 양 구   구 리 무 진 토 묘 향

心裡無嗔是眞寶, 無垢無染是眞常.
심 리 무 진 시 진 보   무 구 무 염 시 진 상

문수보살 게송

嗔 성낼 진 | 供 이바지할 공 | 養 기를 양 | 具 갖출 구 | 裡 속 리 | 吐 토할 토 | 妙 묘할 묘
眞 참 진 | 寶 보배 보 | 染 물들 염

年　月　日

오늘의 번뇌 지수

面上無嗔供養具,
口裡無嗔吐妙香,
心裡無嗔是眞寶,
無垢無染是眞常.

미루면 쌓이는
업보의 무게
이것 또한 부처님의
뜻이겠지요

이제 9번 남았다
야, 너도 成佛(성불)
할 수 있어

겉모습에 속지 말고 내면을 보아라

타인에게서 벗어나 자신을 보아야 한다.
말에서 벗어나 그 뜻을 들어야 한다.
지식에서 벗어나 지혜에 의지해야 한다.
판단에서 벗어나 있는 그대로 보아야 한다.

依法不依人, 依義不依語,
의 법 불 의 인   의 의 불 의 어

依智不依識,
의 지 불 의 식

依了義經不依不了義經.
의 요 의 경 불 의 불 요 의 경

열반경

法 법 법 | 義 옳을 의 | 語 말씀 어 | 智 지혜 지 | 識 알 식 | 了 마칠 료 | 經 글 경

6장. 그건 제 허상입니다만

법고는 불교 의식에서 사용하는 북이에요.
우리를 깨우고 바른 견해를 듣게 하는 상징이지요.
점을 하나씩 이으면서 나만의 생각에서 벗어나 보아요.

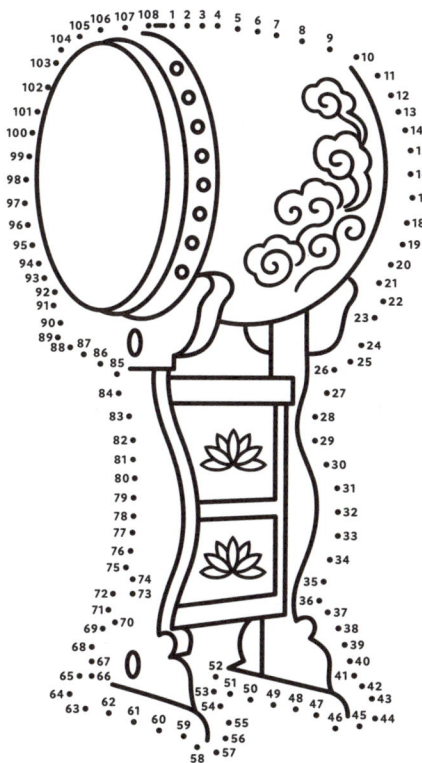

바르게 알아야 이로움도 참되다

진실을 진실로 알고
거짓을 거짓으로 아는 것,
이것이 바른 헤아림이니.
반드시 참된 이로움 얻으리라.

知眞爲眞, 見僞知僞,
지 진 위 진 　 견 위 지 위

是爲正計, 必得眞利.
시 위 정 계 　 필 득 진 리

법구경 쌍요품

年 月 日

오늘의 번뇌 지수

●●●●●

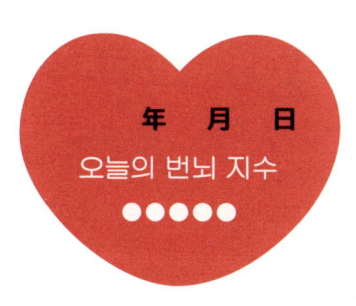

知	眞	爲	眞
알 지	참 진	이를 위	참 진
見	僞	知	僞
볼 견	거짓 위	알 지	거짓 위
是	爲	正	計
이 시	이를 위	바를 정	셈할 계
必	得	眞	利
반드시 필	얻을 득	참 진	이로울 리

비교하는 마음을 경계하라

자신의 마음을 잘 다룰 줄 아는 지혜로운 이는
자신의 생각이 남들과 같다는 생각을 경계하며
자신의 생각이 남들보다 우월하다는 생각을 경계하고
자신의 생각이 남들보다 열등하다는 생각을 경계한다.

숫타니파타

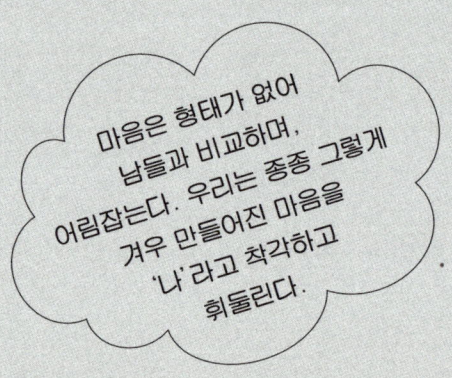

마음은 형태가 없어 남들과 비교하며, 어림잡는다. 우리는 종종 그렇게 겨우 만들어진 마음을 '나'라고 착각하고 휘둘린다.

나를 놓아야 자유를 잡는다

자기 스스로를 나라고 하지만
본디 나라는 것은 없는 것이니
그러므로 마땅히 나를 없애고
다스리는 이를 어진 사람이라 한다.

我自爲我, 計無有我,
아 자 위 아   계 무 유 아

故當損我, 調乃爲賢.
고 당 손 아   조 내 위 현

법구경 사문품

我	自	爲	我
나 아	스스로 자	이를 위	나 아

計	無	有	我
셈할 계	없을 무	있을 유	나 아

故	當	損	我
연고 고	마땅할 당	덜 손	나 아

調	乃	爲	賢
고를 조	이에 내	이를 위	어질 현

말이 넘치면 지혜가 줄어든다

말이 많다는 것은
그 사람의 생각이 분명하지 않다는 것입니다.
앎은 설명이 필요 없고
깨달음은 해설이 필요 없는 것인데,
무엇인가 부족할 때 말이 많아집니다.
말이 많아짐을 느낄 때는 멈춰야 합니다.
조금 어색하겠지만 괜찮습니다.

태현 스님, 『몸이 마음에게 묻는다』

정진은 다리요, 고집은 족쇄다

뱃사공은 물을 건네게 하고,
정진은 다리와 들보가 되나니,
사람은 종성(種姓)에 얽매이지만,
이를 건너는 이는 건장한 영웅이로다.

船師能渡水, 精進爲橋梁,
선 사 능 도 수   정 진 위 교 량

人以種姓繫, 度者爲健雄.
인 이 종 성 계   도 자 위 건 웅

법구경 술불품

船 배 선 | 橋 다리 교 | 梁 들보 량
種 씨 종 | 姓 성씨 성 | 繫 맬 계 | 健 튼튼할 건 | 雄 수컷 웅

6장. 그건 제 허상입니다만

船師能渡水, 精進爲橋梁,
人以種姓繫, 度者爲健雄.

무늬 없는 아름다움이 참되다

고운 빛깔은 본래 무늬가 없고
붓도 아니요, 바탕도 아니건만,
중생을 기쁘게 하고자
아름답게 여러 형상을 그려낸다.

彩色本無文, 非筆亦非素,
채 색 본 무 문   비 필 역 비 소

爲悅衆生故, 綺錯繪衆像.
위 열 중 생 고   기 착 회 중 상

능가경

彩 빛 채 | 本 근본 본 | 文 무늬 문 | 筆 붓 필 | 素 흴 소
悅 기쁠 열 | 綺 비단 기 | 錯 섞일 착 | 繪 수놓을 회

가장 예쁜 동그라미 그리기

아기 중생들이 기뻐할 가장 예쁜 동그라미를 그려보자.
아래 동그라미 옆에, 안에, 밖에
위치와 크기에 상관없이 자유롭게.
그런데, '가장 예쁜'에 정답이 있던가?

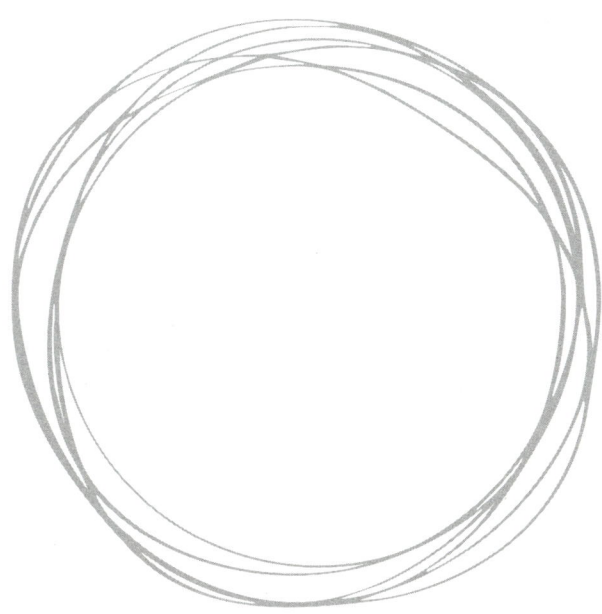

존경은 출신이 아니라 행동에서 온다

무시받을 사람으로 태어난 것이 아니며
존경받을 사람으로 태어난 것이 아니다.
무시받을 행동을 하고 있는 것이며
존경받을 행동을 하고 있는 것이다.

숫타니파타

내 마음이 낸 상처가 가장 아프다

원망스러운 적이 남긴 상처보다
괘씸한 원수에게 받은 피해보다
잘못된 생각이 주는 아픔이 더 크다.
스스로 큰 재앙을 만들기 때문이다.

怨憎會相敵, 毒心還自侵,
원 증 회 상 적　　독 심 환 자 침

猶勝邪思惟, 能作大罪禍.
유 승 사 사 유　　능 작 대 죄 화

능가경

怨 원망할 원 | 憎 미울 증 | 敵 대적할 적 | 毒 독 독 | 還 돌아올 환 | 侵 침노할 침
猶 오히려 유 | 邪 간사할 사 | 惟 생각할 유 | 罪 허물 죄 | 禍 재앙 화

6장. 그건 제 허상입니다만

정구업진언(淨口業眞言)

말과 생각, 행동을 맑게 하여 그릇된 견해를 정화하는 진언.
좋은 말을 많이 하면 좋은 업보가 내게 와요.
진언을 따라 쓰다 보면 어느샌가 생각이 조용해지고,
말이 맑아지고, 시야가 환해질 거예요.

옴 수리 수리
마하 수리 수수리 사바하

옴 수리 수리
마하 수리 수수리 사바하

옴 수리 수리
마하 수리 수수리 사바하

경전 밖에서 만난 깨달음들

부처님은 "이 세상 만물에는 불성이 있다"고 하셨어요. 깨달음은 경전 속에만, 성인의 입에만 있는 게 아니라는 뜻이죠. 우리가 살아가며 마주치는 평범한 순간들, 누군가 던진 작은 말 한마디에도 삶을 바꾸는 힘이 담겨 있어요.

미리 걱정
사서 걱정
괜한 걱정

피어나기를
기다리고 있었는데
사실 늘 만개한
상태였다는 것

사랑하자
세상을 사랑하고
평화를 사랑하자

살아 있으면 어떻게든 된다

모든 인연

=

시절인연

완벽하지 않아도 괜찮아

안 괜찮은 건 뭐가,
그럴 수도 있지

가다 보면 끝이 보인다

해탈컴퍼니는 사람들에게 물었어요. "당신의 삶을 바꾼 말은 무엇인가요?" 엄마가 해준 말, 친구가 던진 농담, 우연히 들은 가사 한 줄, 어느 날 문득 떠올린 생각까지. 책 밖에서, 절 밖에서, 일상 속에 살아 숨 쉬는 깨달음을 모았어요. 여기 실린 문장은 그렇게 모인 것들이에요. 거창하지 않지만, 누군가에게는 인생의 전환점이 된 말들이죠. 이 중 하나가 당신에게도 작은 깨달음이 되기를, 아니면 당신도 한 문장을 떠올리게 되기를 바라요.

나만의 깨달음

지금까지 108개의 문장과 함께 걸어온 길. 그건 누군가의 말을 잠시 빌린 과정이었어요. 마지막은 당신의 차례예요. 오른쪽 빈 공간에 당신만의 깨달음을 적어보세요. 지금, 이 순간 떠오르는 생각이나 마음가짐, 이 책과 함께한 시간을 정리하는 이야기나 감상도 좋아요. 거창하지 않아도 돼요. 완벽하지 않아도 괜찮아요. 처음 마음을 내어 나만의 문장을 적는 순간, 당신만의 깨달음은 이미 이루어진 거니까요.

처음 마음을 낸 그 순간,
이미 깨달음은 이루어졌다.

화엄경